职业教育系列教材·城市轨道交通类

城市轨道交通客运服务礼仪

邢 丽◎主 编

中国建材工业出版社

图书在版编目（CIP）数据

城市轨道交通客运服务礼仪/邢丽主编．--北京：中国建材工业出版社，2022.9
职业教育系列教材．城市轨道交通类
ISBN 978-7-5160-3304-3

Ⅰ.①城…　Ⅱ.①邢…　Ⅲ.①城市铁路—轨道交通—客运服务—礼仪—职业教育—教材　Ⅳ.①U239.5

中国版本图书馆 CIP 数据核字（2021）第 181918 号

城市轨道交通客运服务礼仪
Chengshi Guidao Jiaotong Keyun Fuwu Liyi
邢　丽　主编

出版发行：中国建材工业出版社
地　　址：北京市海淀区三里河路 11 号
邮　　编：100831
经　　销：全国各地新华书店
印　　刷：北京印刷集团有限责任公司
开　　本：787mm×1092mm　1/16
印　　张：7.5
字　　数：180 千字
版　　次：2022 年 9 月第 1 版
印　　次：2022 年 9 月第 1 次
定　　价：40.00 元

本社网址：www.jccbs.com，微信公众号：zgjcgycbs
请选用正版图书，采购、销售盗版图书属违法行为
版权专有，盗版必究。本社法律顾问：北京天驰君泰律师事务所，张杰律师
举报信箱：zhangjie@tiantailaw.com　　举报电话：(010) 57811389
本书如有印装质量问题，由我社市场营销部负责调换，联系电话：(010) 57811387

职业教育系列教材·城市轨道交通类

城市轨道交通客运服务礼仪

邢 丽 ◎ 主 编

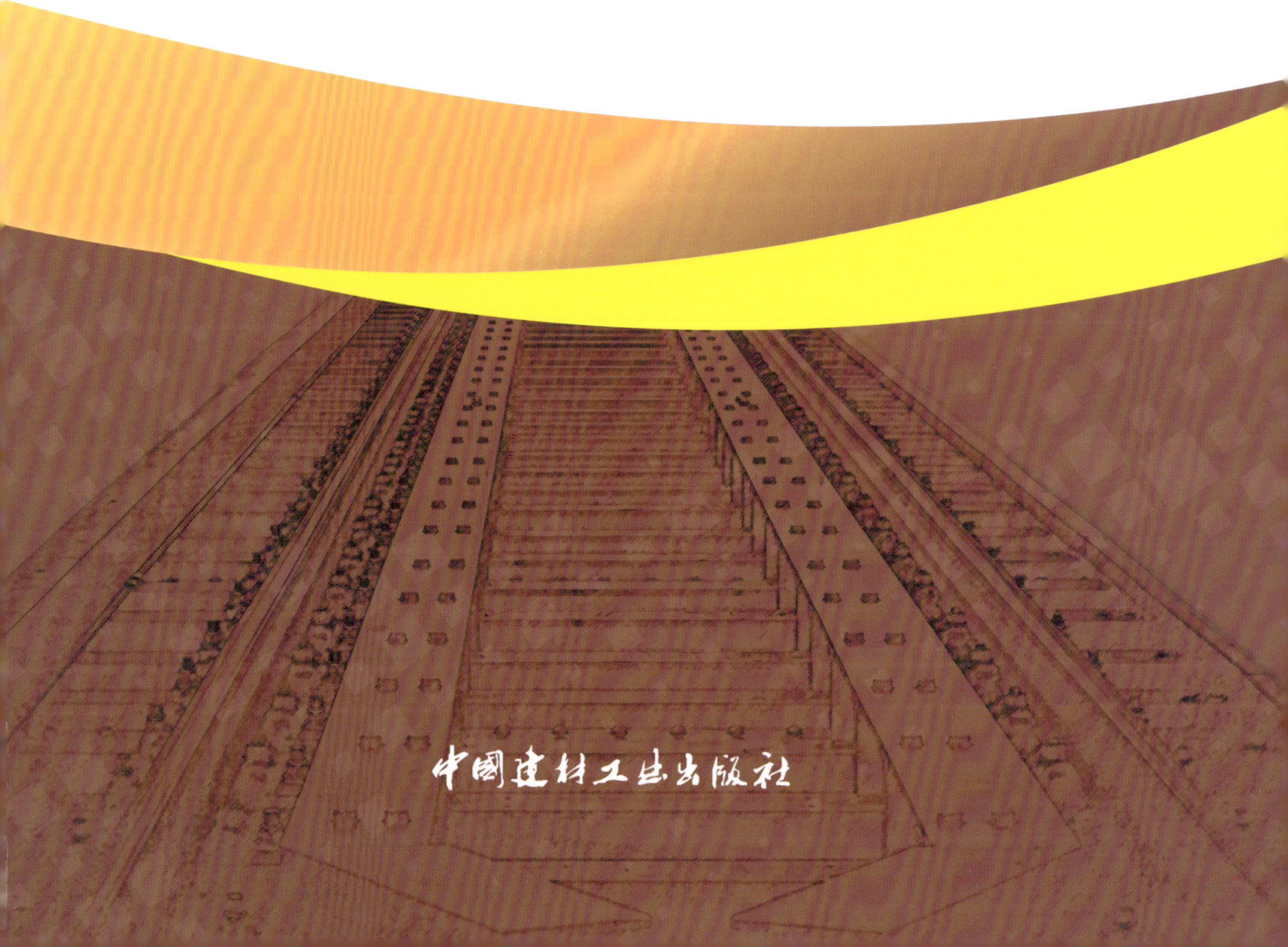

中国建材工业出版社

城市轨道交通类系列教材编委会

审定人员： 汪武芽　江西交通职业技术学院
　　　　　　张　黎　江西交通职业技术学院
　　　　　　崔志宇　黑龙江交通职业技术学院
　　　　　　王燕梅　黑龙江交通职业技术学院
　　　　　　刘柱军　黑龙江第二技师学院
　　　　　　侯德文　湖南铁道职业技术学院
　　　　　　龙　讯　重庆公共运输职业学院
　　　　　　梁晓芳　重庆公共运输职业学院
　　　　　　王金香　天津铁道职业技术学院

编写人员： 曾　毅　武汉铁路职业技术学院
　　　　　　杨旭丽　湖南都市职业学院
　　　　　　李　捷　湖南铁道职业技术学院
　　　　　　迟卓刚　齐齐哈尔技师学院
　　　　　　任　萍　河北轨道运输职业技术学院
　　　　　　李兆飞　广州铁路职业技术学院
　　　　　　谢　芸　昆明铁道职业技术学院
　　　　　　邢　丽　烟台文化旅游职业学院

本书编委会

主　编　邢　丽

副主编　王　蕾　孟　涛　安江伟
　　　　　姜　涛　刘　涛

参　编　林泽慧　王　宁　翟同胜
　　　　　康　锋

前　言

目前，我国的城市轨道交通事业正处于井喷式发展时期，城市轨道交通专业人才需求缺口巨大，社会、企业和学校面临着大量的城市轨道交通专业人员的培养和培训任务。一套适用的教材，无疑会使专业学习、培训如虎添翼，职业教育城市轨道交通类规划教材就是在此契机下组织编写的，《城市轨道交通客运服务礼仪》是其中之一。

客运服务礼仪是一种与乘客交往过程中所应具有的相互尊重、亲善和友好的行为规范和艺术，是"以客为尊、以人为本"理念的具体体现，也是客运优质服务的重要组成部分。随着我国国民经济的快速发展和国内外人员交流的不断增多，乘客运输量呈全面快速增长的态势。对广大客运服务人员来讲，规范、优雅的服务礼仪能够展示客运员工的外在美和内在修养，更容易拉近与乘客的距离，提高乘客的满意度和忠诚度，提升企业的形象，实现企业优质服务品牌的增值。

当前，城市轨道交通类的教材比较多，礼仪的书籍也比较全面，但是具有较强针对性的客运服务礼仪实训方面的教材十分紧缺。伴随着全国各大城市地铁的运营，相信本书将会成为城市轨道交通运营管理专业学生进入工作岗位前学习的重要内容，同时它也会成为地铁员工处理实际工作中问题的实用工具。

在本书的编写过程中，以实现改革教学方法和手段，融"做、学、教"为一体，对专业核心课程采用行动导向教学，推进以"一个中心""两个课堂""三级实训"为核心的教育教学模式，努力体现"做中学"的特点，紧密联系地铁工作实际的需要，以准确、方便、实用为目的，结合目前职业院校学生的特点和需求，积极探索教材的科学化、多样化、生动化。教材所选择的学习素材尽可能与学生的生活、学习、未来工作环境相联系，有利于加深学生对所要学习内容的理解和记忆。同时，也体现了知识的整体性，能有效地培养学生岗位意识、提高职业素养。

本书系统地介绍了客运服务礼仪的基本规范及训练方法。共分为四大项，项目一是客运服务礼仪绪论。通过介绍礼仪概述、客运服务的特性及层面、客运服务礼仪的作用与原则，使学生们清楚地了解和掌握客运服务礼仪。项目二是客运服务工作人员个人基本礼仪。分别介绍了仪容、仪表、仪态及沟通等方面的礼仪。通过理论与实训两大模块详细地讲解个人基本礼仪的运用。项目三是客运服务岗位常用服务礼仪。通过对乘客问讯处服务、乘客票务服务、安检服务、进出站服务、站台服务、乘客投诉服务、车站应急服务与特殊乘客服务，介绍了具体岗位服务礼仪的基本要求与职责、特殊事件处理方法，结合相对应的情景训练，使学生对地铁客运服务礼仪有一个全面的了解，并能够根据需要为乘客进行合理的服务。项目四是客运服务用语礼仪。通过介绍用语礼仪规范及有效沟通礼仪，使得学生掌握正确的客运服务用语。

本教材以理论为基础，以实训为主要内容，在每章节都设有实训模块，为学生创设工作情境，通过实践掌握客运服务礼仪，为日后走向工作岗位奠定扎实的基础。

由于编者水平有限，加之时间仓促，书中难免有错误和不妥之处，敬请广大读者批评指正。

主　编

2022 年 6 月

目　录

项目一　客运服务礼仪绪论 ······ 1
　任务一　礼仪概述 ······ 1
　任务二　客运服务的特性及层面 ······ 11
　任务三　客运服务礼仪的作用与原则 ······ 13

项目二　客运服务工作人员个人基本礼仪 ······ 16
　任务一　仪容礼仪 ······ 16
　任务二　仪表礼仪 ······ 23
　任务三　仪态礼仪 ······ 27
　任务四　交往沟通礼仪 ······ 48

项目三　客运服务岗位常用服务礼仪 ······ 55
　任务一　乘客问讯处服务 ······ 55
　任务二　乘客票务服务 ······ 58
　任务三　安检服务 ······ 67
　任务四　进出站服务 ······ 73
　任务五　站台服务 ······ 74
　任务六　乘客投诉服务 ······ 81
　任务七　车站应急服务与特殊乘客服务 ······ 97

项目四　客运服务用语礼仪 ······ 102
　任务一　用语礼仪规范 ······ 102
　任务二　有效沟通礼仪 ······ 106

参考文献 ······ 110

项目一　客运服务礼仪绪论

学习目标

1. 了解礼仪的含义及特征。
2. 理解客运服务礼仪在实际工作中的重要作用及原则。
3. 树立客运服务礼仪意识，注重客运服务礼仪修养，用礼仪规范约束自身行为。

任务一　礼仪概述

礼仪是人们在人际交往中，用一定约定俗成的程序或方式来表现律己敬人的过程，涉及仪表、穿着、举止、交往、沟通等内容。从修养的角度来看，礼仪可以说是一个人内在修养和素质的外在表现。从社会的角度看，礼仪可以说是人际交往中约定俗成的示人以尊重、友好的习惯做法。从传播的角度来看，礼仪是人际交往中相互沟通交流的行为准则。

任务书

礼仪的历史悠久漫长。随着时代的发展，礼仪也越来越多地影响着人们的日常生活。什么是礼仪？请以小组为单位进行学习讨论交流。

一、礼仪的含义

（一）礼

"礼"字在古代汉语中与"履"字相通，意思是鞋子。鞋子既不能太大，也不能太小。"礼"也是如此，既不能不足，也不能太过。随着时间的推移，"礼"字的含义越来越丰富，地区差异也越来越大。社会生活中的"礼"通常有四个方面的含义：第一是指"供神的仪式"。"礼"的繁体为"禮"，是古代人们在粮食丰收后，手持食物跪拜在神像前，以表示对神的感恩，并祈求来年五谷丰登、风调雨顺；第二是指"社会等级制度"。如朱熹对《论语·为政》中"齐之以礼"加注时就认为："礼，谓制度品节也"；第三是"表示尊敬""表示敬意和礼貌"的通称。它既可指为表示敬意或隆重而举行的仪式，也可泛指社会交往中的礼貌，还可以特指奴隶社会或封建社会中贵族等级制的社会规范和道德规范；第四是指馈赠的物品。《晋书·陆纳传》有记载"及受礼，唯酒一斗，鹿肉一样。"这里的"礼"就是礼物。

（二）礼仪和礼貌礼节

随着历史的发展，礼的内涵已经有了延伸和扩展。目前在许多场合，它已成了"礼貌""礼节""礼仪"的代名词。礼貌、礼仪和礼节虽然都和"礼"字分不开，但礼貌多指个人的言语行为。而礼节、礼仪更多的是社会习俗、活动仪式的反映。三者既有共性，也有差异。

礼貌是指言语动作谦虚恭敬的表现。礼貌的外部表现主要有两方面，即语言文明和行为文明。它要求人们在待人接物过程中，要说话和气，言谈得体，使用文明语言，不讲脏话、粗话，同时要求人们注意自己的仪表，行为举止要合乎规范。

礼节是礼貌在语言、行为、仪态等方面的外在体现。对于一个组织来说，礼节体现的是整体风貌的具体化、形象化；对个人来说，礼节是心灵美的外化。

礼仪是人们在长期的社会实践中逐渐形成，并以风俗习惯等传统方式固定下来的，为维系社会生活而共同遵守的最简单、最起码的道德行为规范。它通常是指在较隆重或较正式的场合，为表示重视尊重和敬意等所举行的、合乎社交规范和道德规范的礼节和仪式。对个人来讲，礼仪是一个人思想水平、文化修养、实际能力的外在表现；对社会来讲，礼仪是精神文明建设的重要组成部分，是衡量社会文明程度和道德风尚的标志。

在社会生活中，礼仪无时不有，无处不在。从国家到家庭、从内务到外交、从军营到学校、从车站到宾馆、剧院，一切服务部门、行业、场所都有相应的礼仪。有礼貌而不懂礼节，往往容易失礼；谙熟礼节却流于形式，充其量只是客套。礼貌是礼仪的基础，礼节是礼仪的基本组成部分。礼是仪的本质，而仪则是礼的外在表现。礼仪在层次上要高于礼貌、礼节，其内涵更深、更广。它是由一系列具体的礼貌、礼节所构成；礼节只是一种具体的做法，而礼仪则是一个表示礼貌的系统、完整的过程。

二、我国古代礼仪的起源与演化

我国是世界文明古国，有着悠久的礼仪传统，素以"礼仪之邦"著称于世。在我国几千年的历史文化遗产中，有许多礼仪教育精华需要我们去研究、汲取并发扬光大。

礼仪最早是从祭拜神灵开始的。原始社会，生产力水平十分低下，人们处于愚昧无知的状态。他们对很多自然现象无法解释，认为有一种超自然的力量在主宰着人类，由此产生了对神灵的崇拜和祭祀。

西周时期的《周礼》是我国历史上第一部记载礼的巨著，随后又出现了《仪礼》《礼记》与《周礼》，合称为"三礼"。这标志着我国古代礼仪系统开始形成。《仪礼》为春秋时期的孔子所著。《礼记》成于战国末期的儒者和西汉礼学家戴圣之手。《周礼》是战国儒家所著。《礼记》是对《仪礼》中所记载的古代礼仪条文所做的理论说明。《仪礼》中曾记载了17种礼仪，每一种又包含着系统繁杂的内容，正所谓"大礼三百""小礼三千"。总体可以概括为六大礼，即冠礼、婚礼、丧礼、祭礼、相见礼和跪拜礼。其中跪拜礼为中国封建社会中使用年代最长、最频繁的一种基本礼节。

春秋时期的孔子系统地阐述了礼及礼仪的本质与功能，把礼仪提高到了新的理论高度，孟子继承和发展了孔子的"仁学"理念，丰富了礼仪思想。孔孟的儒家礼仪思想，是我国长达两千多年的文化定制，构成了中国传统礼仪文化的基本精神和框架，对中国传统礼仪文化产生了深远的影响。后来礼仪的发展，就是将儒家礼仪思想进一步理论化、系统化和制度化。

三、我国古代礼仪教育

我国古代思想家、教育家都十分注重"礼"的教育。春秋末期的孔子非常重视学生在日常行为方面的培育，提出了"不学礼，无以立"。要求学生衣冠整齐，仪表端庄，为人处世要温文尔雅、彬彬有礼。战国时代的孟子主张兴办学校，加强道德观念教育，使人养成孝敬父母、友爱兄弟、忠于长上、办事诚实、讲究信用等品德，他曾提出了"爱人者，人恒爱之；敬人者，人恒敬之"思想观点。战国时期的荀子提出了"礼者，人道之极也"。荀子认为"礼"是维护社会政治秩序和规范人伦关系所不可缺少的，他把"礼"作为人生哲学思想的核心，把"礼"看作是做人的根本目的和最高理想。于是就有了"人无礼而不生，事无礼则不成，国无礼则不宁"的经典名言。直到现在，他的思想依旧影响着我们为人处世的行为。

我国流传时间最长、范围最广、影响最大的一本蒙学教材——《三字经》，相传是南宋学者王应麟所著。它被人们誉为"古今奇书"，并被翻译成英、法、俄等多种文字在国外流传，还被联合国教科文组织选作儿童道德教育丛书。《三字经》中写道："为人子，方少时，学师友，习礼仪"意思是做儿女的，正当少年时，就要拜师访友，学习礼仪。

南北朝时期的颜之推，晚年为教训子孙，写了《颜氏家训》二十篇。这是他一生立身、治家、处事、为学的经验总结，在家庭教育史上有着重要的影响。颜之推认为教育子弟越早开始越好："人生小幼，精神专利，长成已后，思虑散逸，固须早教，勿失机也。"南宋著名教育家朱熹从教四十余年，他编写的《小学》《蒙童须知》等教材，对儿童教育，尤其是礼仪方面的教育影响非常大。其中《蒙童须知》分为"衣服冠履第一""语言步趋第二""洒扫清洁第三""读书写字第四""杂细事宜第五"几个部分。每个部分要求都非常具体，如第一部分开篇就是"大抵为人，先要身体端正。自冠巾、衣服、鞋袜，皆须收拾爱护，长令洁净整齐"。

清代李毓秀撰写了一本《训蒙文》，后来经过贾有仁修订改名为《弟子规》。书中详细规定了学生在言谈举止方面的礼仪规范。其中有尊敬长者方面的要求，即"或饮食，或走坐，长者先，幼者后"。有仪表方面的要求，如"冠必正，纽必洁，袜与履，俱紧切"。有仪态方面的要求，即"步从容，端正，揖深圆，拜恭敬"。有禁酒的要求。如"年方少，勿饮酒，饮酒醉，最为丑"。有修养方面的要求，即"见人善，既思齐。纵去远，以见跻""惟德学，惟才艺，不如人，当自励"。这本书在礼仪方面的内容是十分丰富的。

对于我国几千年来的古代礼仪教育方面的历史遗产，我们要用历史唯物主义的观点，全面、辩证地评价，剔除糟粕，保留积极因素，赋予其新的道德内容，从而进一步帮助我们调节和发展良好的人际关系。如"父子有亲、君臣有义、夫妇有别、长幼有序、朋友有信"中的"君臣有义""夫妇有别"含有浓厚的封建意识和森严的等级观念，是旧礼教的反映，我们应给予批判。而"父子有亲""长幼有序""朋友有信"，从注重人际关系、提倡礼仪道德上看，则是有它合理的内涵，特别是肯定信义和责任，对我们今天建立社会主义市场经济体制、规范市场经济行为，具有一定的借鉴作用。

四、我国古代礼仪的优良传统

我国是一个有着丰富礼仪文化遗产的文明古国,在大力提倡建设社会主义精神文明的今天,我们应该继承和弘扬中华民族的传统美德,使其为现代化建设服务。在古代传统礼仪方面,我们应该继承以下内容。

1. 长幼有序尊敬师长

在我国历史上流传着许多长幼有序、尊敬师长的礼仪佳话。比如老幼皆知的儿童传统教育故事"孔融让梨";肯放下架子为寒酸老人拾鞋、恭敬给老人穿鞋的"张良纳履"的故事;为不打扰别人休息,在一尺多深的雪地里肃立多时虚心向比自己小的老师求教的"程门立雪"的故事等。这些流传千古、生动感人的事迹,至今依旧值得我们学习效仿。

尊敬师长是中华民族的传统美德。教师是人类灵魂的工程师,是培育祖国幼苗的辛勤园丁。教师的职业要求老师教会学生做人的道理,帮助学生塑造美的心灵,引导学生走好未来的人生道路。古人对老师非常尊敬。于是有了"一日为师,终身为父"的说法。唐代大文学家韩愈认为"古之学者必有师。师者,所以传道授业解惑也"。明末顾亭林的观点是"父子之亲,长幼之序,男女之别,非师不明。教人以礼者,师之功也"。毛泽东主席为我们树立了尊师的榜样,他在祝贺老师徐特立60岁生日的信中写道:"徐老同志,你是我二十年前的先生,你现在仍然是我的先生,你将来必定还是我的先生。"这些都是我们学习的典范。

2. 克己复礼以和为贵

孔子曰:"克己复礼,天下归仁焉。"尽管这个"克己复礼"有特定的历史内涵,但如果我们从礼仪修养的角度来理解,"克己"而"让人"是有可取之处的。孔子对礼仪非常重视,把"礼"看成是治国、安邦、平定天下的基础。他认为"不学礼,无以立""质胜文则野,文胜质则史。文质彬彬,然后君子"。他希望人们能用礼的规范来约束自己的行为,要做到"非礼勿视,非礼勿听,非礼勿言,非礼勿动"。孟子把"礼"解释为对尊长和宾客严肃而有礼貌,即"恭敬之心,礼也"。他坚持把"礼"看作是人善性的发端之一,倡导"仁者爱人",强调人与人之间要有同情心,要相互关心,彼此尊重。

古人云:"夫让,美德也。"这种互谅互让的美德也是中华民族的优良传统。《论语·学而篇》讲过,"礼之用,和为贵"。它要求人们和睦相处,互相帮助,免于斗争。以大局为重,谦让有礼的"廉蔺交欢"让他们结为"刎颈之交"。孟子的"天时不如地利,地利不如人和",道出了我国传统人际关系的社会心理和价值取向。讲究"礼让"不仅是一个人有修养的表现,也是社会生活中调节人际关系的重要准则。清代中期,同在京城供职的文华殿大学士兼礼部尚书张英与吴毗邻而居。一次吴修砌院墙,侵占了张家大约三尺宽的地面,张老夫人为此写家书一封,派人送往京城。张英看信后写诗函回复老夫人说,"千里来信只为墙,让他三尺又何妨,万里长城今犹在,不见当年秦始皇"。张夫人接信后,自愧胸襟太狭窄,立即叫家丁将自家院墙主动退后三尺。吴家见此情景,深感惭愧,也把院墙让后三尺。结果,两家之间形成了一条受人称赞的"六尺巷"。他们的做法完美阐释了传统礼仪谦恭、礼让的美德。

3. 诚实守信宽以待人

诚信,是诚实、守信、忠诚信义的概括。诚信被儒家视为"进德修业之本""立人之道"和"立政之本"。孔子提出"人而无信,不知其可"的思想,把诚信提到"民无信不立",以致去兵去食、宁死必信的高度。待人以诚就是要对人诚实中肯、襟怀坦白、推心置腹、开诚布公。古人说得好:"诚于忠而形于外"。只有自觉地做到了"诚于忠",才能做到"行于外"。如"萧何月下追韩信"就是讲的待人以诚的故事。韩信不受项羽重用,投奔刘邦,宰相萧何与韩信深谈后,认识到他是难得的军事人才,便一再向刘邦推荐。但刘邦认为韩信"出身微贱",又有"胯下之辱",而不愿用他。韩信一怒,跨马而去,萧何闻讯,顾不得"山高水深、路途遥远",连夜追赶韩信,一番推心置腹的话,终于说服了韩信。刘邦这时也醒悟过来,并让韩信统帅三军。从此汉军日益昌盛,使不可一世的项羽上演了"自刎乌江"的悲剧。《诗经·伐木》中说到:从天子到庶民,没有朋友的帮助就难以生存,更难有所成就,交朋友的关键是以诚相待,相互理解。难怪明代冯梦龙发出"相识满天下,知心能几人"的感叹。曹雪芹也在《红楼梦》中发出"万两黄金容易得,知心一个也难求"的哀叹。在《史记·管晏列传》中"管鲍之交"的故事给我们提供了典范。春秋时齐国的鲍叔牙与管仲友谊深厚。管仲曰:"吾始困时,尝与鲍叔贾,分财利多自与,鲍叔不以我为贪,知我贫也。吾尝为鲍叔谋事而更穷困,鲍叔不以我为愚,知时有利不利也。"鲍叔牙非但不因为管仲贫困而轻视他,反而在齐桓公要任他为相时,极力推荐管仲,所以管仲感慨地说,"生我者父母,知我者鲍子也"。

4. 热爱祖国维护尊严

我国拥有五千年的文明,不仅素有好客的传统作风,而且历来有着维护民族尊严和国家尊严的优良传统。春秋时期,齐国上大夫晏婴奉齐景公之命出使楚国。楚王倚仗国势强大,处心积虑的侮辱晏婴,并借以侮辱齐国。他先借晏婴身材矮小做文章,叫人故意将大门紧闭,让晏婴从大门旁边的小门而入。当凌辱加身时,晏婴不卑不亢,反唇相讥:"这狗洞不是人出入的地方,只有出使狗国,才从狗洞而入。出使楚国,就必须从大门进去。"这使傲慢的楚王反遭嘲弄。后来,楚王又差人绑着一个人从堂前经过,故意问卫士是什么人,卫士说是齐国的小偷。楚王不怀好意地说:"莫非齐国人都是小偷?"这又是对齐国的恶意侮辱,晏婴当即义正辞严地回答:"今民生长于齐不盗,入楚则盗,得无楚之水土使民善盗耶?"一句话驳得楚王面红耳赤,狼狈不堪,不得不敛容相敬。晏婴以自己的机智维护了齐国的尊严,圆满地完成了出使楚国的任务。

爱国主义是中华民族历史发展长河中的一面大旗。几千年来,无数中华儿女聚合在这面旗帜下,前仆后继,英勇奋斗,经受住了无数洗礼和考验,保持了民族的凛然正气和旺盛生机。爱国诗人陆游"死去原知万事空,但悲不见九州同";南宋岳飞为山河破碎而"怒发冲冠";文天祥"人生自古谁无死,留取丹心照汗青";吉鸿昌将军以"我是中国人"自豪;周恩来同志"为中华之崛起而读书"等等,这些都洋溢着爱国主义的激然正气和昂扬斗志,为中国人民树立了榜样。在构建社会主义和谐文明社会的今天,我们更应该继承和发扬优秀。传统礼仪文化,做社会主义文明礼仪的践行者。

五、现代礼仪的发展

中华人民共和国成立后,我国也逐渐确立了以平等相处、友好往来、相互帮助、团结友爱为主要原则的具有中国特色的新型社会关系和人际关系。改革开放以来，随着中国与世界的交往日趋频繁，西方一些先进的礼仪、礼节陆续传入我国，同我国的传统礼仪一道融入社会生活的各个方面，构成了社会主义礼仪的基本框架，同时也采用了一些国际上通用的礼仪形式。新的礼仪标准、价值观念得到推广和传播。礼仪从内容到形式都在不断变革，现代礼仪的发展进入了全新的发展时期。人们学习礼仪知识的热情空前高涨。讲文明、有礼貌已蔚然成风。随着社会的进步、科技的发展和国际交往的增多，礼仪也必将得到新的完善和发展。现代礼仪也更加简明、实用、新颖、灵活。

任务书

结合案例，分析并总结礼仪的特征及功能。

案例1

有趣的交谈

一个日本人和一个美国人站在一起聊天，结果在场的人们会看到这样一种现象：两人在大厅里踱着步交谈着。美国人不断地后退，日本人则渐渐地靠近美国人。他俩都试图不断地做出调整，保持一定的交谈距离。

懂礼仪的人一看就会明白，这是一幅典型的文化差异图景。一般来说，人们的日常交往谈话距离约为50cm。亚洲人的亲密空间要比欧美人的亲密空间小一些。日本人的亲密空间只有25cm左右，他不断地向前调整他的空间距离，这自然就侵犯了美国人的亲密空间。于是，美国人不得不后退，调整他自己的空间。由此说来，在日常交往时，要根据不同交往对象以及关系的远近不同保持适宜的交往距离。

案例2

聪明的蚊子

美国作家马克·吐温先生是个机智幽默的人。有一次，他去某个小城。临行前别人告诉他说，那里的蚊子特别厉害。到了那个小城后，正当他在旅店登记房间时，一只蚊子在马克·吐温眼前盘旋，这时职员显得很尴尬。而马克·吐温先生却满不在乎地对职员说："这里的蚊子比传说中不知要聪明多少倍呢，它竟会预先看好我的房间号码，以便夜晚光顾饱餐一顿。"大家听了以后，禁不住哈哈大笑起来。

结果，这一夜马克·吐温先生睡得十分香甜。原来旅馆的服务人员一齐出动，驱赶走了房间的蚊子，才没让这位众人喜爱的作家被"聪明的蚊子"叮咬。幽默的马克·吐温先生没有直接点出酒店的问题，而是用婉转的语言说出来自己的顾虑。这使他不仅拥有一群诚挚的朋友，也因此得到了"特别关照"。

六、礼仪的特征及功能

（一）礼仪的特征

1. 传统性

礼仪是一个国家、民族传统文化的重要组成部分。在我国，现代礼仪是以中华民族的传统文化为核心，并不断吸收其他民族的优秀文化，在长期的社会生活实践中不断发展和完善起来的。它根植于传统文化这块沃土，因而有着深刻的传统性。

2. 共同性

礼仪作为一种文化现象，是全人类的共同财富。它跨越了国家和地区的界限，为世界各国人民共同拥有。尽管不同的国家、不同的民族、不同的社会制度所构成的礼仪有一定的差异性，但在讲文明、懂礼貌、相互尊重原则的基础上形成的完整礼节形式，已为世界各国人民所接受并共同遵守。

3. 差异性

礼仪作为约定俗成的行为规范，在拥有共性的同时，又表现出一种较为明显的民族、国别差异性。不同的国家、不同的民族，由于历史文化传统、语言、文字、活动区域的不同，他们各自所形成的心理特征各不相同，使得各个民族、各个国家的礼仪都带有本国家、本民族的特点。这些特点使礼仪在不同民族和国家表现出一定的差异性。

4. 时代性

随着社会经济的不断发展，人际交往的日益频繁，礼仪已经渗透到社会生活的各个方面，表现出强烈的时代特色。礼仪的时代性具体体现在三方面。首先要符合现代观念。现代社会的道德观、价值观，以遵循相互平等、尊重为原则。无论是个人之间、集体之间或国家之间，无论大小强弱都应当一律平等。其次要符合现代生活特点。现代生活讲求快捷、时效，与之相应的现代礼仪活动，理所当然地以快捷、简明、时效为特征。第三要符合时代发展要求。现代生活具有多元、丰富、多变的特点，这就要求礼仪能够反映时代社会生活精神，体现新的社会道德规范，体现新型人际关系。现代礼仪要在实践中不断更新丰富其内容和形式，发展建设新的、符合时代要求的行为规范。

（二）礼仪的功能

礼仪的功能，概括地说是调整和处理不同地位的人们相互间关系的手段。作为一种手段，礼仪总是围绕着一种社会目的、社会目标而发挥其重要的作用。礼仪的功能是多方面的，其中最重要的功能主要表现在以下几个方面。

1. 具有约束作用

礼仪作为行为规范，对人们的社会行为，特别是非礼的、不道德的行为具有很强的约束作用。在社会生活和活动中，人们许多不文明、不道德的行为无法通过行政手段或法律手段去干预，最主要的是靠道德规范的作用、社会舆论的导向来引导和约束人们的行为。只有自觉地接受社会礼仪约束的人，才会被人们认为是一个成熟的、符合社会要求的人。如果一个人我行我素，不遵守社会上普遍的礼仪要求，他就会受到道德和舆论的谴责，甚至被施以法律手段加以强迫约束。

2. 施行教化功能

礼仪是人类社会进步的产物，是传统文化的重要组成部分。礼仪蕴涵着丰富的文化内涵，体现着社会的要求与时代精神。礼仪通过评价、劝阻、示范等教育形式纠正人们不正确的行为习惯，指导人们按礼仪规范的要求去协调人际关系，维护社会正常生活。全民接受礼仪熏陶，可以从整体上提高国民的综合素质。礼仪作为一种道德规范，它对社会的每个人都起着教化的作用。通过这种教化，使得更多的人们懂得，一个有道德、有文化、有修养、有学识的人，才能做到"严于律己、宽以待人"，才能懂得"尊重别人就是尊重自己"的道理。懂得遵守和维护社会文明礼仪规范，就是为自己创造一个文明知礼的生活环境，才能称为一个明辨美与丑、礼与非礼界限的知书达礼知的人。

3. 协调关系的功能

协调功能，即礼仪在协调社会关系中的作用。礼仪的原则和规范，约束着人们的动机，指导着人们立身处世的行为方式，从而很好地协调着人与人、人与社会的关系，使人们在相互理解、相互尊重的前提下友好相处，使社会秩序井然有序。礼仪行为是一种信息性很强的行为，每一种礼仪行为都表达一种、甚至多种信息。在人际交往中，交往双方只有按照礼仪的要求，才能更有效地向交往对象表达自己的尊敬、敬佩、善意和友好，人际交往才可以顺利进行和延续。热情的问候、友善的目光、亲切的微笑、文雅的谈吐、得体的举止等，不仅能唤起人们的沟通欲望，彼此建立起好感和信任，而且可以促成交流的成功和范围的扩大，进而有助于事业的发展。人们在社会交往过程中发生着的各种关系，主要有经济关系、政治关系和道德关系，三者构成了人们的社会关系。

4. 修养道德的功能

修养道德，是指个人在道德上的自我修炼，以及由此达到的较高道德水平和道德境界。人们的道德行为是多方面的，而文明礼仪行为就是其中之一。所谓文明礼仪行为，是指人们在社会交往和在社会公共生活中遵循社会公德、并以此处理一般常见的道德关系的行为。

5. 塑造形象的功能

礼仪讲究和谐，重视内在美和外在美的统一。礼仪在行为美学方面指导着人们不断地充实和完善自我，并潜移默化地熏陶着人们的心灵。人们的谈吐变得越来越文明，人们的修饰打扮变得越来越富有个性，举止仪态越来越优雅，符合大众的审美原则，体现出时代的特色和精神风貌。

6. 维护秩序的功能

礼仪作为社会行为规范，对人们的行为有很强的约束力。在维护社会秩序方面，礼仪对人们的行为起着一定的维护和约束作用。社会的发展与稳定、家庭的和谐与安宁、邻里的和谐、同事之间的信任与合作，都依赖于人们共同遵守礼仪的规范与要求。社会上讲礼仪的人越多，社会便会更加和谐，更加稳定。

（三）礼仪的原则

礼仪规范有一定的原则性。人们在复杂的人际交往中，礼仪形式有多少差别。只要把握好这些原则，即使由于自己的疏忽而出现了某些差错，也是可以被谅解的。

1. 自律原则

个人是礼仪行为的实施者。只有每个人都能从我做起，而不是单单去苛求别人，在与他人的交往中才能创造出一种自然和谐的社会关系。因此，要加强自身修养，完善自己的人格。在学习、应用礼仪时，最重要的一点就是要自我要求、自我约束、自我检点、从我做起。目前，虽然社会上还有一些人不注重礼仪，但不能因此就放松了对自己的要求。其实，不断地自律就会逐渐形成习惯，从而消除自我约束的感觉，由自律变为自觉。

2. 自觉原则

在人与人之间的交往中，每个人都应该自觉自愿遵守礼仪，而不是勉强地用礼仪去约束自己在交往中的言谈举止。礼仪只有成为自觉行为，才能让人觉得自然大方。无论个人的身份高低、职权大小、贫富贵贱，遵守礼仪都应该是一种自觉的行为规范，任何人都没有超越礼仪的特权。

3. 尊重原则

尊重是礼仪的核心。尊重的原则就是要求人们在社交活动中，与交往对象互相尊敬、互相谦让、友好相待、和睦相处。在人际交往中无论年龄大小、职务高低都应当受到尊重。对待他人要有敬重的态度，不可失敬于人，不可伤害他人的尊严，更不可侮辱对方的人格。特别是对待自己的下级和晚辈，即使他们做错了事，尽可以严厉批评，但切不可表现出任何的不尊重，否则你也不可能得到他们的尊重。所以人与人之间相互尊重，是人际关系中讲究礼仪的基本出发点。

4. 适度原则

在运用礼仪时，还要做到适度，也就是既要合乎规范又要得体。例如，待人热情固然很好，但应当有度。否则，周到过度会显得过于卑微，而做不到位则可能引起对方的不满或反感。

5. 宽容原则

在社交的大环境中总会遇到各种各样的人，每个人都会有不同的处世方法、不同的观点和做法。宽容原则就是要求我们学会设身处地为他人着想。善解人意、体谅他人，切不可过分苛求、或有咄咄逼人的言行。宽容绝对不等于放弃自己的观点。宽容不是纵容，更不是胆怯和软弱。特别是涉及人格或国格的尊严时是不能迁就对方的。

6. 真诚原则

礼仪的真诚原则要求人们在交往中要诚心诚意、言行一致、表里如一。相反，如果装模作样、弄虚作假、心口不一，就有悖于礼仪的宗旨。这样，即使得到别人一时的喜欢，也不可能得到别人长久的信任。

7. 随俗原则

由于国家、民族、地区以及经济、文化背景的不同，礼仪的表达方式也不尽相同。身处在异域他乡，要坚持入乡随俗的原则。切勿自以为是、目中无人，否则会破坏相互友好交往的气氛。目前，我国城乡之间还存在一定的差距。尤其是在一些偏远的山村，还保留着一些当地的礼仪习俗。与不同地域的人交流交往时，还需要用正确的态度去选择对待。对于一些不伤大雅的礼仪形式应给予理解，对一些与时代精神相悖的陋俗应劝阻摒弃。即所谓的"入门问讳、入乡问俗、入境问禁"。

作为客运服务人员要了解一些涉外国家的礼仪习俗，丰富自己的知识范围。以便工作中与外国乘客交流、交往，在服务时做得更好。

小贴士

东、西方礼仪的差异

东方礼仪主要指中国、日本、朝鲜、泰国、新加坡等亚洲国家所代表的具有东方民族特点的礼仪文化。西方礼仪主要指流传于欧洲、北美各国的礼仪文化。

1. 在对待血缘亲情方面

东方人非常重视家族和血缘关系，"血浓于水"的传统观念根深蒂固，人际关系中最稳定的是血缘关系。

西方人独立意识强，相比较而言，不太重视家庭血缘关系，而更看重利益关系。他们将责任、义务分得很清楚，更在意自身的自由，讲求个人利益在先。

2. 在表达形式方面

西方礼仪强调实用，表达率直、坦诚。东方人以"让"为礼，凡事都要礼让三分，与西方人相比，体现的是谦逊和含蓄。

面对他人的夸奖，东、西方的表现各不相同。例如我们中国人常常会说"过奖了""惭愧""我还差得很远"等，来表示自己的谦虚；而西方人面对别人真诚的赞美或赞扬，往往会用"谢谢"来表示接受对方的美意。

3. 在礼品馈赠方面

在东方国家，人际交往特别讲究礼数，重视礼尚往来，往往将礼作为人际交往的媒介和桥梁。东方人送礼的名目繁多，除了重要节日互相拜访需要送礼外，平时的婚、丧、嫁、娶、生日、升职、加薪都可以作为赠送礼品的理由。

西方人一般不轻易送礼给别人，除非相互之间建立了较为稳固的人际关系。在送礼形式上简单得多。一般不送过于贵重的礼品，也不送廉价的物品，但却非常重视礼品的包装，特别讲究礼品的文化格调与艺术品位。

同时，在接受礼品时东西方国家也存在着明显的差异。西方人送礼时，总是向受礼人直截了当地说明："这是我精心为你挑选的礼物，希望你喜欢"，或者说"这是最好的礼物"。他们一般不推辞别人的礼物，接受礼物时先对送礼者表示感谢，总是在接过礼物后当面拆看礼物，并对礼物赞扬一番。而东方人则不同，在送礼时也很费心思，对重要的赠礼对象都要精心挑选礼物，喜欢谦虚说些"微薄之礼不成敬意，请笑纳"之类的话。东方国家在受礼时，人们通常会客气地推辞一番。接过礼品后，一般不当面拆看礼物，即使对方礼物过轻或不尽如人意也会避免让赠礼人难堪。

4. 在对待"老"的态度方面

东、西方礼仪在对待人的身份、地位和年龄上，有许多观念和表达上的差异。东方礼仪一般是老者、尊者优先，凡事讲究论资排辈。

西方礼仪崇尚自由平等。在礼仪中，等级的强调没有东方礼仪那么凸出。西方人独立意识很强，不愿老，不服老，特别忌讳"老"。

5. 在时间观念方面

西方人时间观念强，做事讲究效率。出门常带记事本记录日程和安排，如果有约须提前到达，至少要准时，而且不应随意改动。西方人不仅惜时如金，而且常将交往方是否遵守时间当成判断其工作是否负责、是否值得与其合作的重要依据。

西方人工作时间和业余时间区别得比较分明。与西方人交往，在休假时间要避免打电话谈论工作。他们甚至会在休假期间断绝非生活范畴的交往。而在工作时间开会迟到、开会作报告任意延长时间也会被看成是不可思议的。在中国、日本，人们也是非常讲求时间观念，体现严谨工作作风。

6. 在对待隐私权方面

西方礼仪强调个人拥有的自由（在不违反法律的前提下）。在西方，冒犯对方私人的所有权利是非常失礼的行为。他们特别注重尊重别人的隐私权，同样也要求别人尊重他们的隐私权。

而在东方国家，人们见面时邻里间的相互关心、嘘寒问暖是一种富于人情味的表现。"吃饭了吗？""要去哪里啊？"这些我们日常见面时常说的问候语言，在西方国家则容易被他们理解为邀请他们吃饭或打听他们行踪的意思。这种差异化也提醒我们在与西方人交往时要避免这种尴尬事情的发生。

任务二　客运服务的特性及层面

任务书

客运服务是轨道交通运营企业为乘客安全准时、舒适经济乘车而开展的方便快捷的服务性工作。请以小组为单位，讨论总结客运服务的特性有哪些。

一、客运服务的特性

城市轨道交通客运服务是城市日常交通运营企业的主要工作内容。客运服务具有以下几个明显特性。

1. 无形性

客运服务属于无形产品，乘客在购买服务前是看不见、摸不着、闻不到的。这就要求作为服务提供者的企业必须增加服务的有形性，尽可能通过实物方式来表现出自身的服务水平，如整洁的车站环境、有序的客流组织、清晰明确的导向标志等。

2. 即时性

客运服务的即时性是指它具有无法储存的特点。服务过程一结束，服务就消失，乘客即使不满意也无法更换或退回服务。这样，就不能像有形产品那样通过更换商品来使乘客满意，挽回影响。

3. 同时性

客运服务的同时性是指客运服务的生产过程和消费过程在空间和时间上同时并存、同时进行。从运营企业来说，运输过程就是服务的生产过程，而从乘客的角度看则是消费过程。一方面，乘客参与服务提供的过程；另一方面，乘客的参与对运营企业的服务时间、服务质量和服务设施的提供都造成了不确定性，从而给服务质量的管理和控制带来了困难。

4. 差异性

城市轨道交通客运服务的水准和质量常因人、因地、因时而异，任何条件和心理的变化都有可能出现服务的差异。服务是由客运服务人员通过劳动来完成的，而每位服务人员由于年龄、性别、素质和文化程度等方面的不同，他们为乘客提供的运输服务也不尽相同，即使是同一名员工，在不同的场合、不同的时间，或面对不同的乘客，其服务态度和服务方式也会有一定的差异；同时，对于乘客来说，在不同的时间也会存在服务需求的差异。服务的差异性给服务评价带来了更多的不可量化性。

任务书

（设定情境）一位来自外地的农民工带着大件行李初次乘坐地铁。由于初来乍到，对地铁的乘坐注意事项不了解，他准备咨询地铁的工作人员怎样买票，行李怎么处理等问题。如果你是问讯处的工作人员,你将如何处理?

进行角色扮演,请以小组为单位进行讨论,总结客运服务有哪些层面。

二、客运服务的层面

客运服务主要分为五个层面,如图 1-2-1 所示。

图 1-2-1　客运服务的五个层面

1. 用利服务

利益至上、急功近利,是企业的大忌。有些企业十分浮躁、急功近利、目光短浅,甚至见利忘义,搞"一锤子买卖"。这也是企业做不大、做不长、做不强的原因。这种服务叫"低劣服务",即第一层面服务。

2. 用力服务

停留在这个层面的服务,是把服务当成一种简单的工作,只管制度面前人人平等,不管乘客的感受,面对乘客的正当要求,"对不起,这是我们的规定",成了最好的挡箭牌。制度是必要的,但是任何滞后的、让乘客感到腻烦的制度、把乘客当"气泡"的制度是应该修改的。这种服务省心省事不担责任,这是一种"消极的服务"。

3. 用心服务

第三个层面是"用心服务",即要确实把服务当成心爱的事业,把乘客当成心爱的"人",留心、细心、精心服务,让乘客信任,最后达到价值双赢,这种服务称为"优质服务"。目前,作为运营企业管理的领导,尤其应注重员工优质服务思想意识的培养,引导员工用心做事,力求把服务做到乘客的心坎里。

4. 用情服务

第四个层面是"用情服务",即投入真情,亲情回报,为乘客提供体贴入微的服务,以真诚赢得乘客忠诚,这种服务称为"卓越的服务"。卓越不是一个标准,是一种境界。它不是优秀,而是优秀中的优秀。对于城市轨道交通客运服务人员,需要有较高思想境界,挖掘自身潜力,调动身边一切资源优势,使自己的服务达到卓越服务的水准。这也是企业管理的重要目标。

5. 用智服务

第五个层面是"用智服务",即文化服务,用艺术和智慧服务,这种服务称为"传奇服务",是最高层面的服务。

在城市轨道交通服务中,不论是站台内、机车上、还是机车内,每到传统节日都有各种形式的中国特色文化宣传。有传统的文字板报、图片板报、文化墙,还有动态的显示屏及滚动播出的视频、动画,展示了城市的文化底蕴和站台服务的智慧。让"轨道文明引领城市文明"的新理念入脑入心,这是每位客运服务人员日常服务的基本要求,也是客运服务的最高层面。

小贴士

城市风景

天津火车站是天津市的铁路门户,也是天津站交通枢纽工程的核心组成部分,地铁天津站与天津火车站实现接驳,连通天津南站、天津西站、滨海国际机场等重要交通枢纽,成为重要的乘客集散中心。

车站的公共文化艺术墙设置在天津站下沉广场,作品名为《城市风景》。这幅长达106米、高9米的大型彩色环绕形石材浮雕大气恢弘。画面中,蜿蜒奔涌的天津母亲河——海河的主题浮雕,贯穿鼓楼、劝业场、望海楼等标志性建筑,彰显城市厚重的文化底蕴,天津电视塔、摩天轮、津湾广场、飞奔的城际列车以及滨海新区林立的建筑群等表现了城市现代化建设的卓越成就与高速运转的城市生活节奏。白色的植物与翱翔的飞鸟构成和谐绿色的生态家园,体现了人与自然和谐共处、生态平衡、经济发展的和谐新天津。

天津作为全国第二个拥有地铁的城市,自1976年建成第一条地铁线路以来,在推进地铁公共艺术发展方面做了大量的探索和实践,始终致力于把轨道交通打造成践行"轨道文明引领城市文明"新理念,践行社会主义核心价值观的新舞台,天津轨道交通逐步成为传播优秀传统文化、革命文化、社会主义先进文化的重要窗口和阵地。

任务三 客运服务礼仪的作用与原则

任务书

结合以下案例,分析并总结客运服务礼仪的作用与原则。

案例

"两败俱伤"的阻拦

一天,客流高峰期,乘客非常多,列车关门提示铃声已响,车门已经关闭一半,这时一位乘客企图冲上车,被站台工作人员拦住。站台工作人员担心旅客危险,顺势拽了这位乘客一下,可能是好心的举动弄痛了乘客。这位乘客非常气愤,对工作人员的指责脱口而出:"你以为你是谁啊!你凭什么拉我!弄伤了你负责啊!"站台工作人员也很生气,顺口说了一句:"你没看见车门关上了呀,夹伤你怎么办,好赖不知!"双方你一言我一语地争吵了起来……

一、客运服务礼仪的作用

客运服务礼仪是客运服务人员在工作岗位上对乘客表示尊重和友好的行为规范。工作场合适用的礼仪规范不仅是个人素质的外在体现,更是企业形象的具体化展现。在客运服务中,乘客从购票到上车、下车、与乘客沟通、为乘客提供服务等一系列行为规范都能体会到运营企业的管理水平。客运服务礼仪的作用具体有以下四点。

1. 有助于提升客运服务整体的服务质量和服务水平

客运服务礼仪是体现客运服务的具体过程和手段,使无形的服务有形化、规范化、系统化。有形、规范、系统的客运服务礼仪，不仅可以树立服务人员和企业的良好形象，更可以塑造出受乘客欢迎的服务规范和服务技巧，能让服务人员在与乘客交往中赢得更多的理解、好感和信任，从而提升客运服务质量和服务水平。

2. 有助于提高客运服务人员的个人职业素养

客运服务人员在为乘客服务的同时，也展示了自己的服务知识、服务技能、心理素质和灵活机智的处事能力。通过与不同乘客的沟通交流，可以增加自己的见识与胆识。随着工作经验的积累，客运服务人员的应变能力会更强，在人与人的交往中会变得更加从容，更加自信。工作也会更轻松、更快乐。

3. 有助于塑造企业的整体形象

客运服务礼仪是运营企业整体形象的体现，而企业的服务形象是企业竞争的重要资源。客运服务人员的服务形象也是企业管理形象的标志。做好服务是提高企业知名度和美誉度的最好办法，也是赢得更多忠诚客源的重要策略。

4. 有助于提高企业的经济效益和社会效益

提高经济效益是企业经营永恒的话题。对于运营企业来说，服务最容易做好，又是最难做好的。服务中，客运服务人员的服务意识和服务礼仪规范在对客服务中起着至关重要的作用。客运服务人员严格要求自己，讲究个人形象及行为礼仪规范，明确各自岗位的操作流程，讲究服务礼仪，增强责任心，用扎实的服务技能自觉自愿服务好每一位乘客。做到思想上有高度，服务上有深度。上下齐心协力，团结一心，就一定能获得更多的社会赞誉，提高运营企业的公信力，赢得更多的经济效益和社会效益。

二、客运服务礼仪的原则

1. 尊重原则

尊重他人是礼仪的基本原则，人际交往中尊重是相互的，当你向对方表示尊敬和敬意时，对方也会还之以礼，即"礼尚往来"。每一位客运服务人员都应以服务礼仪去规范自己在服务过程中的一言一行、一举一动。以自己对乘客的尊重，赢得乘客对自己的尊重，从而营造和谐的服务氛围。

2. 诚信原则

诚信是一种美德，内诚于心，外诚于人。诚实守信是中华民族的传统美德。诚实守信是一个人立足社会的基础，也是一个人应有的基本道德品质。在工作中，一个人的诚信比专业能力更加重要。专业能力固然重要，但是能力不足的人可以通过个人努力，勤能补拙。而一位没有诚信的人，再有能力也于事无补，必定无立足之地。树立诚信意识要从个人做起。企业的员工在与他人相处中，如果缺乏诚信，就会损害自己的形象，甚至影响到企业的形象。

3. 宽容原则

宽容就是心胸宽广，"海纳百川，有容乃大"，能设身处地为乘客着想，能原谅乘客的过失，这是一种美德，被称为现代人的礼仪修养。具体在客运服务工作中，客运服务人员就是要多理解乘客、体谅乘客，切不可求全责备、斤斤计较，甚至咄咄逼人。面对乘客提出的过分的甚至是失礼的要求，工作人员应冷静而耐心地解释，学会宽容，保全客人的尊严。

4. 适度原则

客服工作人员对乘客服务的过程中，必须有一个"度"的限制，即服务有度。工作人员在与乘客进行接触时，既要注意为人热情，以示友善之意，更要充分把握好为人热情的分寸，按具体情境而行使相应的礼仪。既要彬彬有礼，又不能低三下四；既要热情大方，又不能轻浮阿谀；要自尊不要自负，要坦诚但不能粗鲁。

知识链接

<h3 style="text-align:center">客运交通十项服务承诺</h3>

（1）文明驾驶、安全行车，遵守交通规则。

（2）配足车辆，保证运力，不准随意减少车次。

（3）态度谦和，语言文明，服务热情、准点发车，不开"蜗牛车"和"急刹车"，无违章行驶、停靠等现象。

（4）护栏、站牌齐全完好，用字规范。

（5）车况良好、设施齐全，车身内外保持清洁，标志清晰、准确，车内张贴乘车规则、线路走向示意图、线路票价表、投诉监督电话。

（6）司乘人员衣着整洁，讲究卫生，用语文明，按规定佩戴（放置）服务证件。

（7）按规定语音播报站名，用语规范。耐心解答乘客询问。

（8）提示引导乘客自觉排队乘车，有序上车，做到人多不挤，队长不乱，不抢上不抢下。

（9）提示引导乘客主动为老、弱、病、残、孕乘客让座，不抢占座位。

（10）引导提醒乘客不说脏话、粗话和在车厢内大声喧哗，不在车厢内吸烟、吐痰或乱扔杂物。

学习拓展活动

通过查阅资料，寻找地铁客运服务岗位的优秀服务案例，互相交流学习优秀案例的礼仪规范。

1. 写出岗位礼仪规范优秀服务案例。

_____
_____
_____

2. 写出学习地铁客运服务岗位服务规范的体会。

_____
_____

项目二　客运服务工作人员个人基本礼仪

学习目标

1. 了解客运服务工作人员仪容、仪表、仪态礼仪的基本要求。
2. 能在工作中熟练应用个人基本礼仪。
3. 树立客运服务礼仪意识，提高客运服务礼仪修养，以礼仪规范约束自身行为。

任务一　仪容礼仪

仪容，主要是指一个人的容貌，包括按照社会审美观念进行修饰以后的外观。容貌，是一个人仪表美的重要组成部分。在人际交往中，每个人的仪表仪容都会引起交往对象的特别关注，并影响到他人对自己的整体评价。客运服务工作人员端庄的容貌、大方的发型、得体的妆容、整齐的着装都会给乘客留下美好的第一印象，给乘客赏心悦目的感受。

模块一　仪容礼仪基本要求

任务书

结合案例，观察图 2-1-1，请以小组为单位，总结工作中客运服务人员仪容的要求有哪些（提示：可从多个方面进行思考）？

案例

失败的妆容

今天是同学毕业 10 周年聚会的日子。年近 40 的刘雨在毕业后没见到任何一位同学。对于今天的同学聚会，她非常激动。平时不怎么化妆的她特意好好打扮了一下。她认真涂了一层遮瑕膏，遮挡了一下暗淡的皮肤，又在嘴上涂抹了一层靓丽的口红。为了凸显自己的眼睛，她又用了与口红相对应的暗红色眼影。当她兴高采烈地来到聚会地点，出现在同学们面前时，同学们都大吃一惊。有的同学投过来异样的眼光。刘雨心头也一愣，但她不知道同学们为什么会有这种反应。吃饭时，周围的同学也非常照顾她，频繁地帮她夹菜。一顿饭下来，刘雨感到特别不舒服。

很明显，她的妆容没有给自己增光添彩，反而拉低了自己的形象。同学聚会，聚的是感情，适当地修饰是可以的，但过于修饰则容易让人误解。可见，她今天修饰出一个失败的妆容。如果是你，在工作中会注意哪些仪表仪容（图 2-1-1），行为规范呢？

项目二　客运服务工作人员个人基本礼仪

图 2-1-1　客运服务员仪容

一、仪容的要求

(一) 面部维护

人的容貌主要体现在面部。保护面部皮肤、给人美好的第一印象，就要坚持做好面部的清洁和保养。皮肤是仪容的重要基质，尤其是面部皮肤的经常护理和保养，是客运服务工作人员实现仪容美的首要前提。

1. 洁净

人们的面部皮肤总是暴露在空气中。空气中漂浮着的污物、尘埃、细菌，会吸附在皮肤表面，而皮肤自身也会分泌油脂、汗液及产生代谢后的死细胞。如果不及时清除，会影响皮肤正常生理功能的发挥，使皮肤失去光泽。清洁是面部皮肤保养的关键。服务行业对面部洁净的标准是无灰尘、无汗渍、无分泌物、无其他不洁之物。

正确的清洗步骤如下：湿面后，把洗面奶倒在掌心，揉出泡沫，用指腹沿嘴角向眼角方向按摩，从额头沿眉心揉向太阳穴，由下往上、由内往外轻柔，鼻梁则由上往下轻柔涂抹，然后用水冲洗干净。

2. 卫生

面部在特定时期会长痘痘。作为乘务员要随时调整好心态，切不可过于着急，采用不正确的方法处置。对已有感染的皮肤要在清洁的基础上做好防护，适当进行隔离。即使是皮肤有细小的破损，也要及时处理，防止接触感染，也避免影响工作。

3. 自然

修饰时要讲究角色定位。服务人员的打扮应以自然、清爽为宜。不可打扮得过于前卫或过于热烈。妆容应讲究精细，以淡雅的色彩为主。既要适应与外人近距离地接触和交流，又要能够表现自身的审美品位。粗糙的妆容会影响自己的职场形象，妆容不得体也会与他人产生距离感。

无论在生活中，还是在工作中，服务人员都应该注意调整情绪，保持乐观的心态，养成良好的仪容习惯。使自己的容貌端庄秀丽，给人赏心悦目的印象。同时还要避免不良的面部表情。

（二）体味

服务人员尤其要注意口腔卫生，坚持每天饭后刷牙。在工作前不宜吃带异味的食物。要坚持勤洗澡、勤洗发。不能让体味影响别人的心情。在对乘客服务前，可以根据自身的文化、气质、个人喜好等特点，适当喷洒淡雅的香水。切忌使用香味浓烈或劣质的香水。香水适宜喷在腕部或颈部脉搏跳动位置。

知识链接

保持口气清新的小妙招

与人交流时，口气清新可以给人清爽、洁净、卫生的印象。保持口气清新可以采用以下妙招。

1. 使用口气清新剂

口气清新剂可以及时有效地除去口腔中食物代谢引起的异味、轻度鼻炎造成的异味和吸烟导致的口臭等。当口中有异味时，可先喝几口清水漱口，再喷上口气清新剂。然后合上嘴保持数秒。这样可以让口腔保持数小时的清新。

2. 喝柠檬水

喝清水可以让口腔保持湿润，而在水中加上一片柠檬，则能刺激唾液分泌，减少因鼻塞、口干或口腔内残余食物引起的口臭。

3. 口嚼茶叶

虽然喝茶对消除口臭会有所帮助，但咀嚼茶叶具有更大的功效。把一小撮茶叶放入嘴里细细咀嚼可以达到消除口臭的效果。为避免茶叶渣留在口中，我们还可以把茶叶和低糖的口香糖一同咀嚼。每天2～3次，不仅有助于口腔清洁，也可以尽快消除口臭。

4. 多吃蔬菜水果

蔬菜中含有大量纤维素，可以帮助消化、防止便秘。蔬菜和水果中含的维生素可以帮助牙龈恢复健康，防止牙龈流血，排除口腔中过多的黏膜分泌物及废物。

5. 正确的刷牙清洁舌苔

饭后刷牙，清洁舌苔也是预防口臭的好方法。刷牙的技巧是轻轻地上下移动；或让牙刷与牙齿、牙龈界线呈45°角度，以左右5mm的幅度轻轻地刷动。舌头表面的白色状舌苔，也是导致口臭形成的原因。在刷牙后，利用牙刷清洁舌头表面的舌苔，也可以完美预防口臭。饭后也可用牙线彻底清除藏在牙缝内的牙垢。认真漱口后，同样可以保持口腔的卫生。

（三）手部

服务人员要注意手部的随时清洁，养成勤洗手的好习惯。尤其是直接面对乘客服务的客运服务人员，更要做好手部的清洁消毒。要经常涂抹润肤霜，保养好手部皮肤，养成常剪指甲的好习惯。指甲不宜留得过长，也不能涂浓烈、艳丽的指甲油。指甲长度不超过指尖2mm为宜。

（四）发型

整洁、大方的发型是个人仪表美的重要方面。作为客运服务人员，不仅要考虑自身特点和所处的服务环境，还要考虑乘客的感受。要给人留下干净卫生、神清气爽的印象。头发都要勤于梳理，保持卫生清洁。面对乘客要严格执行客运公司的发型统一要求。

1. 发型整理

（1）男客运服务人员的发型选择

男客运服务人员的发式要经常修饰、勤打理，长短要适中。一般要求做到前发不过眉、侧发不掩耳、后发不及衣领。头发不宜过长，也不宜过短。不能留大鬓角，也不能剃光头，更不能过分追求时尚，留标新立异或与自己身份、职业不相符的发型（图2-1-2、图2-1-3）。

图2-1-2　男士发型

图2-1-3　女士发型

（2）女客运服务人员的发型选择

女客运服务人员的发型，如果是长发应先用黑色皮筋束发，选用隐形发网将头发盘好，用U形发夹固定在脑后。同时还有保持发髻、额头、两鬓光洁，无散发。如果是短发，则要经常修剪打理（图2-1-4）。

无论是男客运员还是女客运员，所有的发型均可用发胶定型。在岗位上工作时，要严格按照规定梳理发型，严禁染发或烫发，严禁出现散发或蓬松、杂乱的发式。

图2-1-4　女士发型近照

2. 化妆

在工作时，男客运服务人员每天要进行剃须修面，擦润肤霜，以保持面部的清洁滋润，要随时保持口气的清新。女客运服务人员的妆容应以淡雅、清新、自然为宜。基础的妆容包括面部清洁、滋润、打底与扑粉等护肤程序。重点化妆的部位是眼部、眉毛、面颊、唇部等。主要包括画眉毛、加眼影、画眼线、刷睫毛、抹腮红与涂口红等。

眼部的化妆首先可以从眼睑开始，在眼皮褶线以下，从内眼角到外眼角施上柔和的淡紫色或棕色的眼影粉，然后用化妆刷将眼影粉的边缘涂开，显得柔和自然一些。由于服务人员的工作多在室内，在化妆时底妆选择有保湿效果的粉底，一般用健康肤色或小麦色的、能较好地体现肤色的粉底色。偏白的象牙色、贵族白可以作为提亮色使用

（图 2-1-5）。

客运服务员得体的妆容也是职业礼貌的一种表现。清晰的眼线不仅可以提亮眼神，还可以强调妆容的职业感。画眼线时可以用眼线笔在眉毛下勾出与眼影相协调的眼线，然后在上眉毛的根部用深棕色、灰色或黑色眼线笔淡淡地点出一条虚线，用潮湿的小刷子将这些虚点刷成一条柔和的线（图 2-1-6）。用棕色或黑色睫毛膏施到睫毛端部，先从内向外刷，然后再从下向上刷。注意一定要用黑色的优质睫毛膏（图 2-1-7）。

图 2-1-5　涂粉底

图 2-1-6　画眉

图 2-1-7　涂睫毛膏

客运服务人员的职业妆容要求使用柔和的腮红。在涂抹腮红前，可先对镜子笑一笑，把腮红涂抹在双颊高起的部位；然后轻轻向眼角拍上去，这样会产生类似天然红润的效果。如果用有透明感的唇彩，可以不用勾勒唇线，要选择与自己唇色接近或略深的口红，轻而薄地涂在唇上。注意腮红不能浓过唇彩（图 2-1-8）。

图 2-1-8　涂口红

知识链接

五分钟化妆法（淡妆）

对于很多人来说，早晨的时间是最宝贵的，五分钟化妆法可以让人们在最短时间内化好妆，充满自信地迎接新的一天。

第一分钟清洁润肤，即用性质温和的洗面奶洗完脸后，在皮肤尚湿的时候涂上润肤露。

第二分钟施遮瑕膏，即用美妆蛋蘸上乳液式的遮瑕膏从内眼角推向外眼角，也可涂在嘴角和鼻翼两侧，也可遮盖黑眼圈和脸上的瑕疵。

第三分钟施粉底霜涂抹散粉或干粉，如果想节省时间可以不涂抹粉底，直接在面部扑上湿粉。

第四分钟画眼线，即选用眼线液或眼线笔，从睫毛根部水平地向外擦出，下眼帘也要用眼线笔快速擦出。若想使眼睛看起来更明亮，可以涂抹一点眼影在眼角上。

第五分钟涂口红，即选择颜色较浅的唇彩，或者质地优良、适合自己肤色的口红，从嘴唇外侧涂向内侧，要确保口红涂抹均匀有型。

3. 佩戴帽子

男客运服务人员佩戴帽子时要注意让帽沿与眉毛保持水平。女客运服务人员帽檐要在额头的1/2处，不宜露出流海儿，两侧不宜留头发，发髻要与后侧帽沿相贴合。发饰只宜选择黑色且无花色图案的发卡。

二、妆容基本原则

（一）自然淡雅原则

客运服务人员上岗前要化淡妆，切不可底妆厚重、色彩过白、烟熏妆、眼线过重等，这些都会让乘客感到不舒服。总体讲，服务人员的妆容应清新、淡雅、自然、大方。

（二）扬长避短原则

客运服务人员要善于运用适当的职业妆容展现自身优势，将自己面部的缺点通过化妆技巧进行弥补，扬长避短，以达到美观、自然、和谐的效果。

（三）整体协调原则

化妆需要参考自己的职业、年龄、性格及五官特点等因素。职业妆容应该使整个妆面协调，能够与全身的装扮相搭配，与所处场合、自己身份等相吻合。

三、妆容禁忌常识

客运服务人员在化妆时要避免一些不合工作环境的做法。

（一）忌离奇出众的创意妆

服务人员不可浓妆艳抹，口红也不可涂得过于鲜红。注意不能脱离自己的工作角色，不能追求怪异、神秘，也不能过于凸出或另类。

（二）忌残妆示人

在工作中、出汗后、休息或用餐后，妆容易出现脱妆现象。残妆示人会给人以懒散、邋遢的感受。出现这种情况，客运服务人员要注意及时补妆，要始终给人一种饱满、乐观的精神状态。

（三）忌当众化妆

化妆属于个人隐私，原则上是在家中或寝室内完成。即使需要临时补妆也应在洗手间或隐蔽处、客人难以看到的地方完成。

知识链接

世界卫生组织提出十项健康标准

20世纪70年代，世界卫生组织在世界保健大宪章中对保健做了如下定义。即"健康不仅是身体没有病，还要有完整的生理、心理状态和社会的适应能力"。结合人们的生活状况，世界卫生组织提出了生活健康十项标准。

(1) 精力充沛。能从容不迫地应付日常生活和工作而不感到过分紧张和疲劳。
(2) 乐观向上。处事乐观、态度积极、乐于承担责任、事无巨细、不挑剔。
(3) 睡眠良好。善于休息、睡眠良好更有利于工作、学习和生活。
(4) 应变能力强。能适应环境各种变化的人更能胜任多变的服务工作岗位。
(5) 身体健康。体格好，能抵抗一般的流感或传染疾病。
(6) 体重适当。身材匀称、体重适宜，站立服务身体协调、可以更好地体现出职业形象。
(7) 眼睛明亮。反应敏锐、眼睑不发炎、视觉更灵活、更有利于工作的开展。
(8) 牙齿清洁。齿龈颜色正常，无空洞、无痛感、无出血现象，牙齿健康。
(9) 头发洁净。美丽从头开始。有光泽、无头屑是一个人良好形象的展示。
(10) 皮肤有弹性。肌肉丰满、走路轻松。能体现富有朝气、充满力量的形象。

直到今天，这些衡量身体健康的重要指标依旧受用。

模块二　仪容修饰训练

实训内容：化妆及发型训练。

实训目标：掌握客运服务人员职业淡妆的基本操作步骤及方法。

实训准备：爽肤水、润肤露、粉底、眼影、眼线笔、眉笔、腮红、睫毛膏、睫毛夹、口红、发网、发卡等。

实训活动要求：请以小组为单位，各小组选择两名同学，一名为模特，一名为化妆师，在规定时间内完成淡妆的化妆，结束后进行评分。

淡妆考核评分表

考核项目	考核要求	分值	得分
基础底妆	①打底工具选用正确; ②上底妆时涂抹均匀	10 10	
眼部化妆	①涂眼影时会使用单色晕染或双色晕染; ②眼线涂抹均匀,无残缺; ③合理使用睫毛夹、睫毛膏,涂抹不打结; ④选用色彩合适的眉笔,眉形搭配合理	10 10 10 10	
涂抹腮红	腮红色彩选择恰当,晕染均匀,部位适宜	10	
涂抹口红	口红色彩与腮红色系一致,轮廓饱满,涂抹均匀	10	
整体效果	①发型标准、规范; ②妆面整体效果干净美观	20	

评价分数:满分100。90~100分为优秀A,80~90分为合格B,70~80分为基本合格C,70分以下为不合格。

任务二 仪表礼仪

仪表是指人的外表,它包括人的形象、容貌、姿态、举止、服饰等方面,是一个人举止风度的外在表现。它能反映出一个人的社会生活、文化水平及修养程度。穿着得体,不仅能赢得他人的信赖,给人留下良好的印象,还能提高与人交往的能力。相反,穿着不当、举止不雅,则会降低一个人的身份,损害企业的形象。由此可见,讲究仪表礼仪要与自己所处的场合、角色、身份相协调。这不仅是一门艺术,也是一种社会文化的体现。

模块一 仪表礼仪基本要求

任务书

结合以下两个案例,总结归纳出仪表礼仪的基本要求。

案例 1

尴尬的小刘

小刘和几个外国朋友相约周末一起聚会娱乐。为了表示对朋友的尊重,星期天一大早,小刘就西装革履地打扮好,对着镜子打上领结前去赴约。北京的八月天气酷热,他们来到一家酒店边吃边聊,好不开心快乐。可是不大一会儿工夫,小刘就汗流浃背了,他不停地用手帕擦着汗。

饭后,大家提议到娱乐厅打保龄球。在球场上,小刘也不断地为朋友鼓掌叫好。在小刘的影响下,朋友们强烈要求小刘也玩一下。碍于情面,小刘勉强站起来,整理好衣服,做好了投球的准备。可是,当他摆好姿势用力把球投出去时,只听到"嚓"的一声,他的上衣袖子扯开了一个大口子。大家诧异地看着小刘,小刘也是涨红了脸,满脸的尴尬,狼狈地结束了这次聚会。

案例 2

黯然失色的"美甲"

刚毕业的小陈要到一家心怡的公司应聘。她特意为自己购置了一身套装，新配了一副金丝边眼镜。路过旁边的美甲店，美甲店师傅热情招呼小陈做了个美甲。小陈犹豫了一下，随即选了一款粉色的指甲。美甲后，小陈觉得手指看起来更美了。

第二天面试时，面试老师要看一下她的简历。小陈高高兴兴地从文件夹里取出简历，恭敬地递给面试老师。面试老师在接住简历的同时，有意识地看了一眼小陈的手，立时停顿了一下。然后告诉小陈回去等通知吧。

就在小陈满心欢喜地等通知时，她收到了因妆容不得体而未被录取的短信。这时，小陈下意识地想起了面试老师的停顿。小陈瞬间明白了，是自己新做的美甲不符合特定的职业与职务场景。而此时，再漂亮的美甲也黯然失色了。

一、仪表着装的原则

通常，我们在选择自己的服装和配饰时，应与时间、地点、场合、角色相适应，即国际通用的"TPOR 着装原则"（英语 Time、Place、Occasion、Role 第一个字母缩写）。作为客运服务人员在着装时也要注意运用好"TPOR 原则"。如上班时应根据自己工作的性质和特点穿着与季节相适宜的职业工装，体现大方得体、精神干练的工作形象；参加正式的社交活动时，要根据不同季节特点，穿着符合要求的时尚服装，体现轻松优美、愉悦美好的活动氛围；户外游览活动时，应根据季节和天气情况选择舒适、随意的休闲装，体现休闲放松、快乐兴奋的环境特色。

二、客运服务员岗位着装的要求

（一）按照要求准确着装

客运服务人员上岗要严格按照岗位要求穿着合身的制服。做到整齐、大方、美观。制服要注意"四长"，即袖至手腕、衣至虎口、裤及脚面、裙至膝盖。同时还要注意"四围"，即领围以插入一指大小为宜，裤裙的腰围以插入五指为好，上衣胸围及裤裙的臀围以穿一套羊毛裤的松紧为宜。注意穿着制服时，要将衬衫扎在裤腰或裙腰以内。注意内衣不能外露，不能挽起袖口，也不能卷起裤腿。

制服穿着时要做到无污渍、无异味。尤其要保持领口和袖口的整洁。穿着时要熨烫平整，扣好每一粒纽扣（图 2-2-1）。

（二）工牌简洁佩戴规范

客运服务人员的工牌要简洁，佩戴要规范。

1. 工牌佩戴规范

客运服务人员的工牌可佩戴在左胸前。企业标志应根据统一要求，佩戴在衬衫领角、外套翻领或工牌上方。

2. 领带、丝巾佩戴规范

制服整体要求色彩不能超过三色。客运服务人员如果需要佩戴领带，要注意扣好第

图 2-2-1 制服着装

一粒扣子。系领带时,要将领子翻起,再按照正确的系领带步骤系好领带。领带系好后,注意整理,领结要与领口吻合、端正。领带的大箭头要与腰带扣齐平。系好领带后需要把衬衫领子翻下,保持衣领的平整(图 2-2-2)。

女客运服务员,如果需要佩戴丝巾。可选择与服装搭配适宜的丝巾花样。如翻领衬衫可以搭配三角巾、花朵结或钻石结等。立领衬衫可以搭配蝴蝶结或扇形结。一般制式衬衫则无须佩戴丝巾。可根据工装需要佩戴适宜的领带(图 2-2-3)。

图 2-2-2 系领带

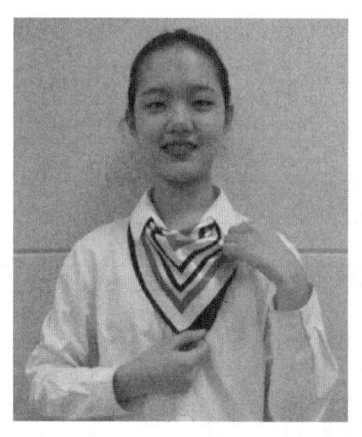

图 2-2-3 丝巾领带搭配

(三)严格管控衣服口袋

客运服务人员的衣服,除裤袋可以放一点手纸外,其余衣袋则应闲置,不宜放物品。即便是制服的外套,也应少放或不放其他物品。即使放,也应是轻薄或不影响衣服平整美观的物品。

（四）饰品恰当选择准确

在岗位上，男客运服务人员可以佩戴手表或者婚戒。女客运服务人员的饰品选择要恰当，可以佩戴贴近耳朵的耳钉，或佩戴与自己脸型、服饰相协调的项链。但不宜佩戴夸张的耳饰、或过于张扬的戒指、造型复杂的项链。在佩戴饰品时一般以不超过三件为宜。款式要大方，以同一质地、同一款式为宜。

（五）鞋袜适宜讲究穿着

俗话说得好"鞋袜半身衣"。客运服务人员要严格规范自己的鞋袜穿着。穿着制服时通常要搭配制式黑色皮鞋。男客运服务人员需穿黑色或藏蓝色袜子，袜口不能太低。女客运服务人员可以穿着肉色丝袜或连裤袜，不能穿脱丝的袜子。着制服严禁穿着鞋面闪烁、色泽抢眼的其他颜色的皮鞋、袜子。

模块二　仪表修饰训练

实训一　领带的各种系法展示

实训目标：掌握客运服务人员领带的系法

实训准备：领带若干

实训活动要求：根据人员情况灵活分组，分别完成两项比赛。

1. 在规定时间内完成一种系领带的操作，确保每个人都能又快又好地完成系领带的环节。结束后评出最佳造型师。

2. 两人一组，一名为模特，一名为造型师，可任选一种领带系法，为对方系领带。两人互换角色后，再次进行同样的操作，结束后评出最佳服务造型师。

领带的系法考核评价表

评价项目	A	B	C	D	完善建议	合计
仪容整洁、仪表整齐						
手法熟练、操作准确						
站姿规范、讲究卫生						
搭配适宜、有始有终						
展示顺畅、合作愉快						

评价分数：每项20分，满分100分。90～100分为优秀A，80～90分为合格B，70～80分为基本合格C，70以下为不合格D。

实训二　丝巾的系法训练

实训目标：掌握女士客运服务人员丝巾的系法。

实训准备：丝巾若干。

实训活动要求：根据人员情况灵活分组，分别完成两项比赛。

1. 在规定时间内完成固定三款系丝巾的操作。确保每个人都能又快、又好、又适宜地完成系丝巾。结束后评出最佳造型师。

2. 同学们两人为一组，一名为模特，一名为造型师，在规定时间内依据模特服装特点，完成丝巾的选择及系法，两人互换角色后再次进行同样的操作，结束后评出最佳搭档、最佳服务造型师。

丝巾的系法考核评价表

评价项目	A	B	C	D	完善建议	合计
仪容整洁、仪表整齐						
手法熟练、步骤准确						
花样灵活、搭配适宜						
配合默契、展示得体						
展示顺畅、合作愉快						

评价分数：每项 20 分，满分 100 分。90～100 分为优秀 A，80～90 分为合格 B，70～80 分为基本合格 C，70 以下为不合格 D。

任务三　仪态礼仪

仪态是指一个人在日常生活中身体所呈现出来的姿态和风度，包括神态、表情、举止、行为等。意大利画家达·芬奇曾说过，从一个人的仪态中觉知一个人的内心世界，往往具有相当程度的准确性和可靠性。从一个人的仪态中，我们可以了解对方的身份、品格、学识、能力和修养等信息。

模块一　仪态礼仪基本要求

任务书

结合以下案例，体会仪态礼仪的重要性，分析总结仪态礼仪的基本要求和行为禁忌。

案例

识人犀利的匈奴来使

《世说新语·客止》中记载，曹操个子较矮，其貌不扬。大臣崔琰则"眉目疏朗，须长四尺，甚有威重"。一次，匈奴来使本应由曹操接见，可是曹操怕使者见自己矮而看不起自己。于是他就请崔琰冒充自己，曹操则扮成卫士，持刀站在崔琰的旁边观察使者。接见后，曹操派人去探听使者的反应，使者说："魏王雅望非常，然床头捉刀人，此乃英雄也。"意思是说魏王果然一表人才，不过旁边拿刀的那个人（曹操）是个英雄。可见，一个人的气质风度是任何服饰都掩盖不了的，他的仪态举止就是最好的说明。

一、表情

表情是人的"精神外表"，是一个人的喜、怒、哀、乐、忧、思、恐等情绪在面部的具体表现。当嘴角上扬伴有微笑，传递的是表示开心快乐的信号；眉头紧锁同时嘴角向下撇，则是表示生气和不满意的信号。客运服务人员的表情状态，直接影响着服务客人的心理感受。作为客运服务人员，每个人都要善于做表情的管控者。

（一）目光

眼睛是心灵的窗户。一个人眼睛里传递的是无声的世界语言，不分国家、不分民族，人人都能表达，人人都可以读取。眼睛里所传递的信息远超乎人们的想象。正确地运用目光，可以帮助客运服务人员塑造专业的职业形象，把握服务对象的情绪状况。

1. 目光语言

信息的交流是以目光的交流为起点，并伴随着交流过程的始终。客运服务人员的目光应该是坦率、真诚、友善、自信的。通常，根据目光停留或注视的区域可以判定服务对象与你关系的亲疏、距离的远近。它的作用在某种程度上比有声语言更具有感染力和表现力。如见到久别的朋友时，溢于言表地睁大眼睛、嘴角上扬所传达出的是无尽的喜悦和热情；发言前目光扫视全场的眼光，传递的是自信、尊重，表示的是请大家保持安静。

在与乘客的交流中，客运服务人员始终保持的目光接触，是对话题兴趣浓厚的表现。反之，目光闪烁不定、东张西望则表示不感兴趣或不尊重对方的意见，意味着谈话很难进行下去。而躲闪、游移、怯懦、恐惧的目光，传递的是负面信息，也是客运服务人员工作中严禁出现的表现。

一般来说，客运服务人员与乘客沟通交流时，要注意保持目光的接触，要避免让对方感到紧张和压力的长时间注视目光。注视对方的时间一般占总谈话时间的1/3～2/3为宜；持续注视对方的时间一般应控制在3秒钟左右。如果交流时需要长时间注视，可以将视线暂时转移，而后再转回。要避免长时间的盯视，同时还要善于从乘客的神情中读取对方的情绪反应。

2. 目光技巧

同在目光交流的情况下，关注的目光会让人感到亲切温暖，而东张西望、左顾右盼、心不在焉的目光会让人感到轻视和疏远。

一般在公务性场所，客运服务人员的视线一般应停留在对方的面部，双眼至前额的区域。这种视线会让对方感到真诚和信任。

在交流场合，客运服务人员的视线应停留在对方脸部双眼至嘴的区域。微笑带有亲切、温和的目光，能营造出一种和谐融洽的交流氛围，可以让对方感到舒服、友善、真诚。（图2-3-1）。

如果是关系亲密的人员，视线的位置可以在双眼到胸部区域。这种视线目光适用于家人、挚友之间表示热烈、亲近的关系。

（二）微笑

在客运服务中，客运服务人员的微笑体现的是积极、向上的工作态度，展示的是敬业、乐业的工作热情。微笑是人际交往中令人愉快的面部表情，它可以缩短人与人之间的心理距离，为深入沟通和交往创造温馨和谐的氛围。一般情况下，服务人员的微笑是要露出6～8颗牙齿。但如果与乘客之间有观点不一致或意见有争议时要慎用自己的微笑（图2-3-2）。

图2-3-1　交流注视

常用的微笑练习方法有以下几种。

1. 对镜练习法

借助镜子可以更直观地看到表情状态、微笑幅度。客运服务人员对镜练习时要注意展示眼型下弯、嘴角上翘、喜笑颜开的美好状态，并记忆、保持这种状态（图2-3-3）。无论是面对镜子，还是离开镜子，都能保持这种习惯，并潜移默化形成自身的表情语言。

图2-3-2　微笑礼仪　　　　　　　图2-3-3　对镜笑练习

2. 眼型笑练习法

取一张A4纸，遮住眼睛以下的面部，对着镜子，运用情绪记忆法，想象美好情境，回忆快乐时光。保持面部放松，笑肌上提，嘴角上翘，呈现微笑口型。而后把A4纸挪开，从镜子中验证自己微笑的幅度是否是最亲切、最自然、最轻松（图2-3-4）。

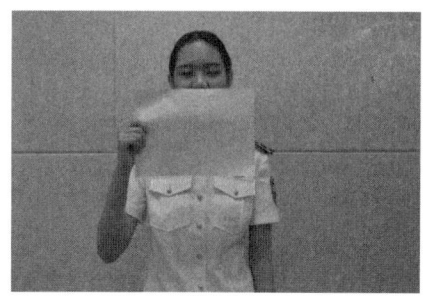 

图 2-3-4　眼形笑练习

3. 对视练习法

对视法是两人面对面站立，目视前方，保持相互对视状态。站立时距离不宜太近，一般以距离 1～3 米为宜。对视时尽可能不眨眼，长时间微笑对视（图 2-3-5）。也可以伴随着音乐的旋律，把内心的喜悦情绪通过嘴型、眼神表现出来。练习时可以与优美得体、端庄大方的站姿、坐姿仪态结合练习。

图 2-3-5　对视练习

4. 语音练习法

在进行微笑练习时，可借助说出"茄子""姐姐"等词语语音，也可以用微笑讲解的形式，在积极兴奋的语音状态下，完成微笑的练习。这种方式不仅可以有效提高语言交流的亲切感，还可以锻炼微笑交流的神态表情。

微笑的练习方法多种多样，可因人而异、灵活采用。它是通行世界的一张名片。恰到好处的微笑，可以展示自信大方的神态表情，营造良好的服务交流环境。神态自然、热情适度的微笑始终是大家效仿的目标。

知识链接

今天你微笑了吗

说到微笑，人们自然而然会想到世界著名的希尔顿酒店集团的创始人康纳德·希尔顿先生。1919 年，希尔顿先生把父亲留给他的 1200 美元连同自己的几千美元投资出去后，开始了他雄心勃勃的经营旅馆生涯。

当他的资产奇迹般地增长到 5100 万美元后,他自豪地把这个好消息告诉母亲。而他的母亲淡然地说:"依我看,你和以前没有什么两样。你应该想出一种既简单、容易、又不需要花费太多钱财、而且行之有效的方法来吸引顾客。这样你的旅馆才更有前途。"

母亲的话虽然简单,但给了他极大的推动作用。他苦思冥想,终于想出了方法——微笑。他向员工说得最多的一句话是:"我宁愿住进只有旧地毯、却随处可见微笑的酒店,也不愿住进那些有一流设备,却不见微笑的酒店。"每当看到员工,他都会问:"今天,你对客人微笑了吗?"

希尔顿先生一步步凭借着员工的微笑和优质的服务,渡过了经济大萧条的难关。他的微笑服务理念也迅速传遍世界,成为希尔顿酒店文化的精髓,成为服务行业的至理名言。

微笑已成为一张世界名片。它是世界上最美好的语言。今天,你微笑了吗?

二、手势礼仪

如果说眼睛是心灵的窗户,那么手势则是显示一个人态度和性格的屏幕。手势表达的含义非常丰富,传递的感情也非常微妙。一般来说,掌心斜上的手势可以表示诚恳、尊重;攥紧拳头暗示着进攻、防卫或激励;竖起右手拇指表示夸奖和赞赏;双手垂放意味着恭敬;倒背双手则可以显示权威和高傲。手势可以千变万化,但我们常见的招手致意、挥手告别、拍手称赞、拱手致谢、举手赞同、摆手拒绝等手势,可以传递出无数的信息。通过手势,服务人员可以准确地表达自己的内心情感,判断他人的态度,为建立良好的人际关系打好基础。

(一)常用手势礼仪

1. 横摆式手势

以左手为例。动作时,手臂从体侧或腹前打开,保持平腰的高度。五指伸直并拢,手掌打开与水平面约成 45°,掌心斜向外侧。手腕与小臂保持平直状态,指尖可稍高于腕部。同时要面带微笑目视乘客。右手臂可以下垂或收在腹前位置。这是引领乘客时常用的横摆式引领指示手势(图 2-3-6),也可根据需要进行反方向手势引领。

2. 直臂式手势

在为乘客指示方向或指示方位时常用直臂式手势。如指示远处时,可以将右手臂伸直打开与肩同高位置,五指并拢,用指尖指向乘客要问讯的方向或位置(图 2-3-7)。

图 2-3-6 横摆式手势

近距离指示时,可以根据指示目标的高度位置,灵活调整手臂的动作幅度。如指示水杯、物品或请乘客核实信息等指示时,要注意保持手掌的 45°方向(图 2-3-8)。切不可用一手的单指指引方向或指示目标物品,更不能用单指指人或查点人数。

图 2-3-7　直臂式手势（一）　　　　图 2-3-8　直臂式手势（二）

3. 曲臂式手势

当引领客人进出电梯门或房门，做出"请"的手势时，可采用曲臂式手势。以右手为例，指示时可以将五指伸直并拢，以肘关节为轴，手臂由体侧向体前摆动，指向左前方，摆到手与身体相距约20cm处停止，目视客人（图2-3-9）。

4. 斜下式手势

请乘客就座时，要面向对方，将右手臂抬起成一斜线指向座椅，同时注意微笑点头，示意对方就座。就座时要根据情况及时为乘客拉椅让座（图2-3-10）。

 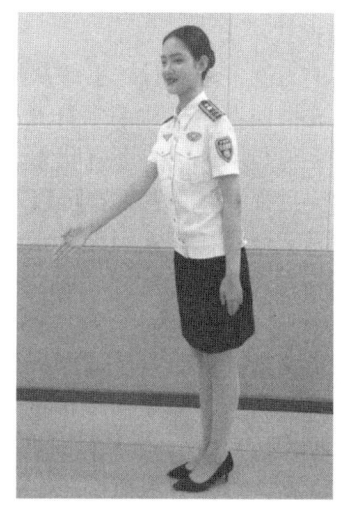

图 2-3-9　曲臂式手势　　　　　　图 2-3-10　斜下式手势

5. 双臂式手势

这种手势，一般是站在来宾的侧面，可以双手从身体前方同时指向目标方向，注意手心向上表示"大家这边请"。手指要指向前进方向，一侧的臂可抬高一些，另一侧手臂稍低、略弯一些，两臂之间保持一定距离。要注意与眼神、步伐、语言相结合，让宾客感觉到十足的热情和服务（图2-3-11）。

图2-3-11 双臂式手势

（二）其他常用手势

（1）向上竖起大拇指手势，是表示赞许、赞同的意思。

（2）鼓掌是表示欢迎、祝贺、支持的手势语言，鼓掌时右手掌心向下，有节奏地拍击掌心向上的左掌。一般快速响亮的掌声让人们感受到的是热烈、激动的情绪。

（3）右手握拳，手臂在体前屈肘用力向下传递的是加油、兴奋的语言。

（4）向熟人打招呼时，可以伸出右手，掌心朝着对方，左右轻轻连续摆动。右臂可以在体侧或身前弯曲。需要远距离招呼时可以适当高举手臂示意。

（三）手势礼仪常识

（1）客运服务人员与乘客谈话时手势要规范标准。动作不宜过多，也不宜过大。

（2）需要鼓掌时要保持安静。两手要快节奏地拍击手掌。注意声音不能过响或速度过慢。避免有喝倒彩、鼓倒掌、起哄的嫌疑。

（3）谈到自己时可用手掌轻放于自己的胸口，不要用拇指指向自己。

（4）任何场合都不要用食指指人，可以用五指并拢的掌形手势查点人数。

（5）与乘客交谈时不宜做搔头皮、挖耳朵、抠鼻孔、剔牙齿等不文明手势。

（6）递送物品尽可能使用双手。确实需要用单手递送时可用右手，要避免用左手。

（7）面对不同国籍客人时要慎用容易引起误会的手势。如"OK""V"等手势。

知识链接

同一手势在不同国家其含义不同

不同国家不同地域，文化也不尽相同。虽然只是个小小的手势，却也有着其独特的内涵。同一种手势在不同国家、不同地区也有着不同的含义。服务人员要了解这些常识，避免做让乘客误解的手势。

（1）掌心向下的招手动作。在我国主要是招呼别人过来，在美国客人面前是呼唤小动物的意思,要严禁使用。

(2)竖起大拇指。一般表示顺利或夸奖别人的意思。但在美国和欧洲部分地区,则是表示要搭车的意思,竖起大姆指在德国表示数字"1",在日本表示"5",在澳大利亚表示是骂人的话。与别人谈话时将拇指翘起来反向指向第三者,即以拇指指腹的反面指向除交谈对象外的另一人,是对第三者的嘲讽。

(3)"OK"手势。指拇指、食指捏成环形,同时伸直其他三个手指。这种掌心向外的"OK"手型在美国表示"同意""顺利""很好"的意思;而在法国则表示"零"或"毫无价值"意思;在日本是表示"钱"的意思;在泰国则表示"没问题",在巴西是表示粗俗下流的意思。

(4)"V"手势。这种手势是第二次世界大战时的英国首相丘吉尔倡导使用的,现在已传遍世界,是表示"胜利"的意思。如果掌心向内,则变成骂人的手势了。

由此可见,手势是体态语中最重要的传播媒介。在重要的地方,搭配上适当的手势,会带给对方温文尔雅、彬彬有礼的印象。公众场合,手势不宜太大、也不宜太多。

(四)递接物品手势

1. 递送物品礼仪规范

(1)双手为宜

当客运服务人员给乘客递送票据时,最适宜的手势是双手递送(图2-3-12)。在不方便用双手递送时,可采用右手递送,要避免左手递物的失礼行为。

图2-3-12　递送票据

(2)递到手中

当客运服务人员递送给他人物品时,要注意交到对方手中,待对方接稳拿实后再松手。如果双方相距过远,要主动上前,避免物品掉落或出现不文雅体态。

(3)方便拿取

在递送物品时,客运服务人员要注意为对方留出方便拿取的位置。避免出现让对方无从下手的行为。

(4) 朝向对方

递送带有文字的书籍、宣传画册、或物品时,要将文字正面朝向对方(图2-3-13)。

(5) 危险向外

在递送笔、刀具或其他尖锐物品递给乘客时,可以让尖锐部位朝向自己的斜外方侧或双手拿物品的两侧,要避免将尖锐部位或刀刃直接朝向对方(图2-3-14)。

图2-3-13　递送文字材料　　　　　　图2-3-14　递送尖锐物品

2. 接拿物品礼仪规范

接拿物品时要目视对方,使用双手。忌用左手接拿物品。接收时,要根据需要及时起身站立或主动向前。一定要等对方递过物品后,再用手去接拿。切勿急不可待地直接从对方手中抢取物品。注意物品要轻拿轻放(图2-3-15)。

图2-3-15　双手递接

三、站姿礼仪

站姿是一种静态的姿态美,是其他仪态美的起点和基础。所谓的"站如松",就是指人在站立时应给人一种挺拔、直立的感觉,要展示出良好的气质与风度。

标准的站姿是身体要挺拔,精神饱满,两眼正视,两肩平齐,两臂自然下垂,两脚跟并拢,脚尖可并拢,也可张开小于60°。身体重心落在两腿正中。从侧面看,两眼要平视,下颌微收,挺胸收腹,腰背挺直,中指贴裤缝,整个身体端庄、挺拔。即头正、肩平、臂垂、躯挺、腿并(图2-3-16、图2-3-17)。

图 2-3-16　标准站姿　　　　　图 2-3-17　标准站姿

（一）站姿仪态分类

1. 垂臂式站姿

垂臂式站姿是最基本的站姿仪态。站立时要上身直立、挺胸、立腰、收腹、收臀。要精神饱满，双肩平展，双臂自然下垂，双手放在身体两侧，头正，两眼平视，下颌微收，面带笑容。双腿靠拢，双脚并拢或呈"V"字形，幅度不能太大，身体中心在两脚中间。这种站姿一般用于集会等正式站立场合（图 2-3-18）。

2. 背手式站姿

站立时两脚平行，重心在两脚上，保持挺胸立腰、下颌微收、双眼平视状态。客运安检人员、安保人员在站立时，可以两手背在身后相搭或相握，贴靠在臀部（图 2-3-19）。

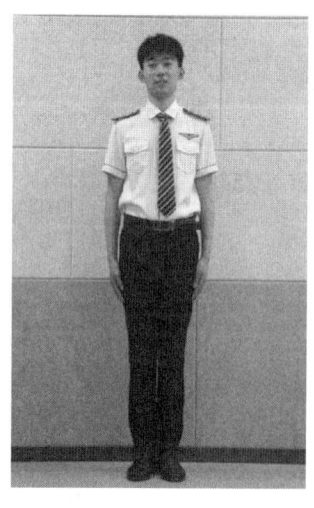 

图 2-3-18　垂臂式站姿　　　　图 2-3-19　背手式站姿

3. 等候式站姿

站立时，身体直立，抬头挺胸，下颌微收，双目平视，嘴角微闭，面带微笑。两脚可以呈脚尖略分开的"V"字形脚位。右脚在前，将右脚跟靠在左脚脚弓处，两脚尖呈"T"字形，双手自然并拢，女客运服务员可以将右手搭在左手上，轻贴在腹前，放在小腹位置，双脚呈丁字形脚位。注意手指不能外翘。身体重心可放在两脚上。这种站姿适用于与人交流或等候别人的场合（图 2-3-20）。

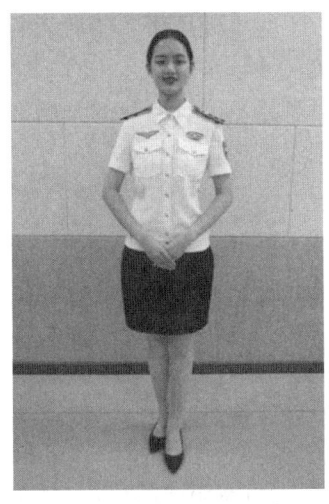

图 2-3-20 等候式站姿

4. 礼宾式站姿

与等候式站姿类同，客运服务人员可以保持等候式站姿，将手位抬高，放在腰间。注意站立时，要保持手臂位置，胳膊肘外开。同样，女客运服务人员右手在上，左手在下。男客运员可以讲左手握放在右手腕位置。依旧是收腹挺胸，立腰提臀，面带微笑，平视前方。这种站姿适用于比较正式的迎候乘客、就职面试等重要场合（图 2-3-21）。

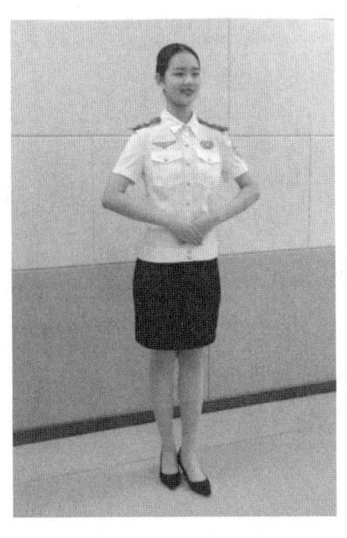

图 2-3-21 礼宾式站姿

（二）站姿礼仪禁忌常识

客运服务人员在站立时，既要遵守规范，又要避免僵硬，要适当放松，保持气息下沉、呼吸状态自然。站立时客运服务人员要面带微笑，可根据需要灵活变换站姿仪态，掌握不同站姿的动态美。

在正式工作场合，客运服务人员在站立时要保持良好的站立仪态，要避免出现不良站姿仪态。如身体过于随便，出现弯腰驼背、身体歪斜、重心不稳、双手抱臂、叉腰揣兜、双腿交叉、身体依靠墙壁、桌角等现象，不能出现塌腰、耸肩、两眼左右斜视、双腿弯曲或颤抖的现象，以免影响站姿的仪态美。

所谓的"站如松"的挺拔仪态。即站立时身体不能有明显的歪斜、偏头、斜肩、腿曲、或是膝部不直，避免破坏了站立时的仪态美。

四、坐姿礼仪

坐姿是指人体在就座后所呈现的一种仪态。依据所处的场合、着装以及座椅的高度，客运服务人员可以选择适宜的坐姿仪态。

（一）坐姿礼仪基本要求

入座时，步伐要轻、稳、缓。走到座椅前方，背对座椅将一脚后撤半步，靠近座椅位置后上身直立坐下。端坐时，上身要保持正直，双眼平视，上身与大腿、大腿与小腿、小腿与脚保持在90°角度。女士双腿并拢，男士可以双腿与肩同宽，双手平放在腿上。女生可两手相握放在腿上，着裙装时可压住裙摆（图2-3-22）。与别人交流时可一手臂稍靠在扶手位置。注意臀部可以坐满椅子的2/3位置。与他人一起入座时，要请尊者先入座。

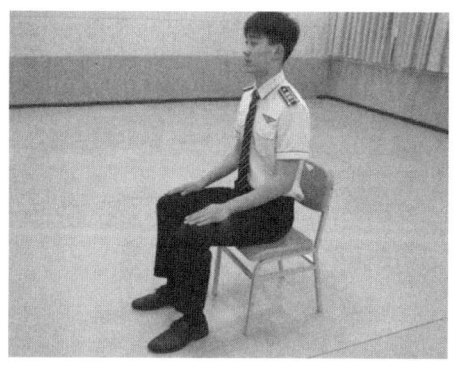

图2-3-22 坐姿

离座时，可先用语言或动作向周围的人先示意，而后把一脚后撤半步，直身站起。一般是应尊者先行，女士优先。注意起身要轻缓，女士可稍拢裙摆，起身过程中注意整理裙装，右脚靠拢站稳后再离开。

（二）常用坐姿仪态

1. 标准式坐姿

上身挺拔，头部端正。女士双脚可以保持丁字式脚位，两脚相靠。膝部双腿靠。小腿垂直地面呈 90°，双手叠放在大腿上。男士双膝可略分开，但不应宽过双肩（图 2-3-23）。

2. 交叉式坐姿

在端坐式坐姿基础上，可以双腿并拢，双脚交叉摆放，两脚踝外侧靠拢，一脚全脚着地，一脚脚尖外侧点地。注意前伸幅度不能太大，也可向斜外侧方向。这种坐姿适用于女士着裙装，或与旁边人交流时使用。注意膝部靠拢，双手放在腿部（图 2-3-24）。

3. 侧点式坐姿

坐立时，双脚依次向左右两侧或斜外侧伸出。双膝、双脚靠拢，脚掌点地，脚跟稍抬。双手放在腿上。这种坐姿适用于座位偏低、女士着裙装、拍照、或与旁边人交流时使用（图 2-3-25）。

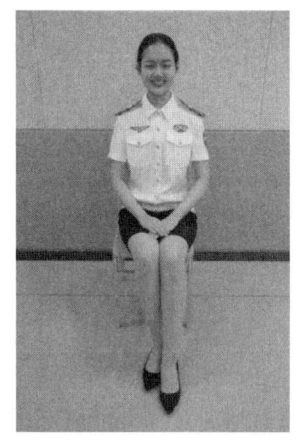 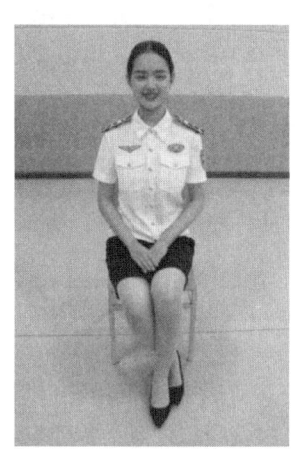 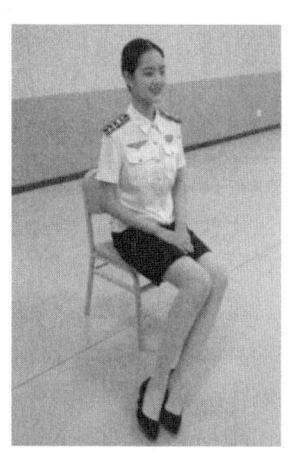

图 2-3-23　标准式坐姿　　图 2-3-24　交叉式坐姿　　图 2-3-25　侧点式坐姿

4. 前伸后屈式坐姿

在标准坐姿的基础上，可一脚小腿向前伸出一脚的距离，脚掌平放地上，一脚稍向后脚掌着地，脚跟稍抬起。前伸脚位方向不宜太远（图 2-3-26）。

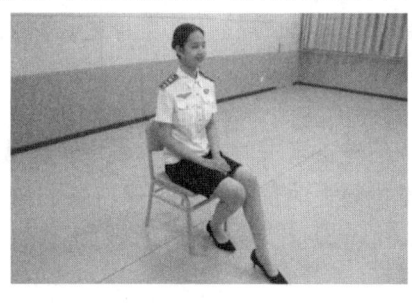 

图 2-3-26　前伸后屈式坐姿

5. 重叠式坐姿（图 2-3-27）

重叠式坐姿是在端坐的基础上，男士将一腿挪向身体中心位置，另一腿抬起，搭放在前一腿上。注意脚掌向下，脚尖下压。女生重叠式坐姿可一脚向外侧伸出，另一脚抬起搭放在另一腿上，脚部可贴放在腿部，脚尖不能外翘。双手放在腿上。重心要平稳，不能歪斜（这种坐姿适用于舞台展示）。

图 2-3-27　重叠式坐姿

（三）坐姿礼仪基本行为规范

（1）在别人之后入座

出于礼貌，和客人一起入座时，要分清尊卑，先请对方入座，不要抢先入座。

（2）从座位左侧入座

就座时要习惯从座椅的左侧接近座位，礼貌就座。

（3）向周围的人致意后入座

就座时，如果附近有熟人就座，应该主动打招呼。即使不认识，也应该点头示意。在公共场合就座，要先问询示意后，轻声就座。注意不要碰响座椅或碰到别人身体部位。

（4）用背部接近座椅

与别人交谈时，要背对着自己的座椅，不宜背对着对方。交流时可把双手放在腿上或一侧扶手上。

（5）离座讲究顺序

与他人同时离座，要注意起身的先后次序，级别高者或年长者可先离座，级别低者、年轻者应稍后起身离座；双方身份相近时，可以同时起身。当身边是熟人就座时，应该用语言或动作向对方先示意后再起身离开。

（6）动作应轻缓

入座或起身离座时动作都要轻缓，不能"拖泥带水"，要避免弄响座椅，或将椅垫、椅罩弄掉在地上。服务人员工作场合要保持挺拔向上的仪态姿势，保持颈、胸、腰的平直状态。避免出现其他不良坐姿仪态。

（四）坐姿礼仪禁忌常识

公众场合，服务人员要注意避免出现以下不良坐姿行为。

（1）避免弯腰驼背瘫坐在座椅子上，或俯身趴在桌椅上；

（2）避免摇腿跷脚，或脚跨在椅子、沙发的扶手上，尤其忌讳把腿抬架在茶几上；

（3）避免双脚外分叉开或腿呈八字形外撇的不良坐姿仪态；

（4）女士就座要避免双腿双膝外分，尤其是穿着裙装腰要避免"翘二郎腿"式不良坐姿；

(5) 公众场合严禁脱鞋坐立，不宜出现双腿颤动或脚抖动现象；
(6) 就座后手中不宜摆弄东西，如头发、戒指、手指或其他物品等；
(7) 起身入座不能太快，也不能太慢，坐立时，不宜出现脚底朝人现象；
(8) 严禁在公众场合出现用脚自脱鞋袜现象；
(9) 忌出现双腿双手抱腿、脚踩凳面等现象；
(10) 双手不宜出现插放在两腿中间、或坐定后双手放在腿下的不良坐姿。

五、走姿礼仪

走姿是一个人在行走时所保持的姿势。走姿也是以端正的站姿为基础，是站姿的动态延续，体现的是人的运动之美和精神风貌。从走姿中人们可以了解到一个人的精神状态、基本素养和生活节奏。

（一）走姿的基本要求

在保持站姿基础上，行走时要面带微笑，两眼平视，双肩平稳，双臂前后摆动自然协调，前后摆幅约30°；双肩、双臂不应过于僵硬；重心稍前倾，随步伐交替向前移动。两脚内侧行走的线迹为一条直线。脚尖正对前方，步幅要适当，一般因性别、身高、着装而有一定的差异。如女士穿裙装（特别是旗袍、西服裙或礼服）穿高跟鞋行走时，步幅应小些；跨出的步子应是脚跟先着地，膝盖不能弯曲，脚腕和膝盖要灵活。走路时应有一定的节奏感，步韵得体。

走姿的基本要求是从容、平稳。保持优雅的走姿有四句口诀："以胸领动肩肘摆，提髋提膝小步迈，跟落掌接趾推送，双眼平视背放松。"动作要领是头端正、身挺拔、肩平稳、臂摆动、膝盖直、脚步正、步幅准、步速匀（图2-3-28）。

走姿时双眼要平视，下颌微收，表情平和自然。上身挺拔，保持挺胸、收腹、立腰，重心稍微前倾状态。双肩微向后展，行走时两肩不要前后晃动，避免一肩高一肩低；双肩亦不要过于僵硬。双臂摆动自然手臂伸直放松，手指微弯，双臂以身为轴，前后摆动幅度在15°～30°。脚尖要正对前方，两脚内侧落在一条直线上。女士脚跟与后脚尖相距为一脚长，男士可以为一脚半长。身高不同可灵活调整。步速应自然舒缓，体现成熟、稳重、自信、大方的气质（图2-3-29）。

图2-3-28 女士走姿

图2-3-29 男士走姿

(二)不同场景的走姿注意事项

1. 陪同引导行走

同级别相当的客人一起行走时,可与客人步调一致行走。注意上身体态要稍偏后客人一个肩的位置。陪同人员应走在客人外侧。在行走过程中要根据与对方交流的情况,及时将头部和上身转向对方,目视对方,认真交流。

引导服务人员在引领重要客人时,要在客人斜外侧两三步远的位置。确保适时提醒引导的客人。如在拐弯变换方向时应使用指示的手势,用语言提醒客人。"这边请"。注意不能背对客人。

2. 上下楼梯行走

需要陪同客人走台阶等特殊地方,陪同人员需要用恰当的手势和准确的语言,提醒客人,如"请小心台阶"。上下楼梯时,要坚持"右上右下"原则。上楼时应尊者在前,服务人员在后;下楼时应尊者在后,服务人员在前。级别相当的人员一起行走时,为方便交流可以步伐一致,走在同一台阶(图2-3-30)。

图2-3-30 上下楼梯引领

3. 特殊环境行走

(1)退后一步离开

离开别人房间时,要养成良好行为习惯。正确做法是面向对方礼貌道别,而后小步幅后退两步,然后先转身再走。注意后退时步幅要小。直接扭头就走是失礼的行为。

(2)侧身礼貌让行

当在较窄的通道与人相遇时,要养成侧身让步、客人先行的良好行为习惯。侧身时要面向对方,不能背对着对方。

(三)克服不良走姿仪态

无论在日常生活中,还是工作中,客运服务人员都应避免不良走姿仪态。

(1)走路时身体不能左右晃动,脚尖不能成内八字形或外八字形。

(2)要克服前倾性走姿,不要出现将头部前探、低头、弯腰等不良仪态走姿。

(3)要避免出现边走边吃零食、吸烟、或吹口哨等不文明走姿。

(4)不应出现边走边整理衣服、双手插在衣兜里或背手走姿。

(5)不能出现左顾右盼、大声说笑或前仰后合等不良走姿。

(6)多人同行时要列队行走,不能横排并走,更不能有勾肩搭背的不良行为举止。

六、蹲姿礼仪

在公众场合，不文雅的蹲姿仪态会破坏一个人的形象，也会影响到运营企业的整体形象。工作中，客运服务人员在拿取、捡拾低处物品时，往往需要调整脚位，采用蹲姿方式降低身体重心将物品拿起或放下。

（一）正确的蹲姿基本要求

（1）下蹲拾物时，体态要自然、得体、大方，不遮遮掩掩。

（2）下蹲时两腿要合力支撑身体重心，避免滑倒。女士着裙装下蹲可用手背轻扶裙摆后再下蹲。

（3）下蹲后要保持头、胸、臀在一个竖面上，蹲姿要优美。

（4）女士蹲姿双腿要靠紧，臀部向下。

（二）常用蹲姿

1. 高低式蹲姿

下蹲时一脚在前，一脚在后，两腿屈膝，重心下降。下蹲后前侧脚全脚着地，后侧脚跟部稍提，脚掌着地。一般外侧腿高于内侧腿，形成两腿一高一低的蹲姿状态，臀部向下。

男士高低式蹲姿，两腿可稍分开，但不宜超过肩宽。女士无论穿裙装还是裤装，两腿都需靠拢。要应养成侧向下蹲的习惯（图 2-3-31）。

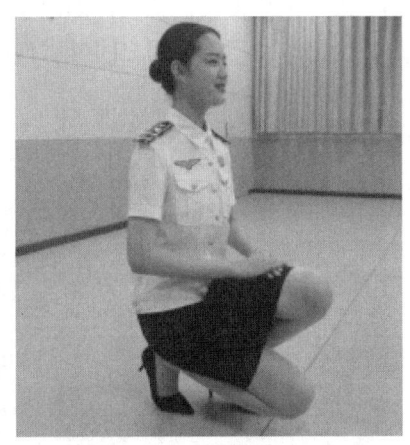

图 2-3-31　高低式蹲姿

2. 交叉式蹲姿

这种蹲姿常用在女士的舞台展示。下蹲时要一脚在前，一脚向另一腿的斜后方撤脚。双腿弯曲，屈膝下蹲后，前脚全脚着地，后侧脚跟部抬起，脚掌着地。两腿靠紧，合力支撑身体。臀部向下，上身稍前倾（图 2-3-32）。

（三）蹲姿禁忌

（1）蹲姿捡取物品时，严禁有两腿叉开、弯腰翘臀等不雅姿态，要避免内衣外露。

（2）下蹲时，速度不宜太快，重心要平稳。避免给人突兀的感觉。

（3）捡拾地面上的物品时，一般要走到物品的一侧，一脚向后退半步后蹲下来。肩背挺拔，重心下降平稳蹲下。要避免弯腰翘臀等不良的蹲姿仪态。

图 2-3-32　交叉式蹲姿

模块二　仪态修饰训练

实训一　站姿训练

实训目标：掌握客运服务人员站姿的基本要领。

实训准备：书本、矿泉水。

实训活动要求：采取顶物训练法，即以小组为单位，头顶书本或矿泉水站立，加上微笑的表情，形成优美的站姿。双腿之间可以夹放一张 A4 纸增加练习难度（图 2-3-33）。

图 2-3-33　站姿练习

站姿考核评价表

评价项目	A	B	C	D	完善建议	合计类别
仪容整洁、仪表整齐						
自信挺拔、面带微笑						
站姿规范、手位准确						
脚位得当、善始善终						
展示顺畅、合作愉快						

评价分数：每项20分，满分100分。90～100分为优秀A，80～90分为合格B，70～80分为基本合格C，70以下为不合格D。

实训二 坐姿训练

实训目标：掌握客运服务人员坐姿的基本要领。

实训准备：椅子若干。

实训活动要求：以小组为单位，按照要求进行不同坐姿训练（图2-3-34）。

图2-3-34 坐姿练习

坐姿考核评价表

评价项目	A	B	C	D	完善建议	合计类别
仪容整洁、仪表整齐						
自信挺拔、面带微笑						
坐姿优雅、手位规范						
脚位得当、有礼有节						
展示顺畅、合作愉快						

评价分数：每项20分，满分100分。90～100分为优秀A，80～90分为合格B，70～80分为基本合格C，70以下为不合格D。

实训三 走姿训练

实训目标：掌握客运服务人员走姿的基本要领。

实训准备：16开书（自备）。

实训活动要求：以小组为单位，顶书行走训练，以求找到身体的平衡点，克服晃动的缺点（图2-3-35）。

图 2-3-35 走姿练习

走姿考核评价表

评价项目	A	B	C	D	完善建议	合计类别
仪容整洁、仪表整齐						
目视前方、面带微笑						
步伐规范、步幅适宜						
摆臂大方、有礼有节						
展示顺畅、合作愉快						

评价分数：每项 20 分，满分 100 分。90～100 分为优秀 A，80～90 分为合格 B，70～80 分为基本合格 C，70 以下为不合格 D。

实训四　蹲姿训练

实训目标：掌握客运服务人员蹲姿的基本要领。

实训准备：书本（自备）。

实训活动要求：以小组为单位，按照要求进行顶书完成不同蹲姿训练（图 2-3-36）。

图 2-3-36 蹲姿练习

项目二　客运服务工作人员个人基本礼仪

蹲姿考核评价表

评价项目	A	B	C	D	完善建议	合计类别
仪容整洁、仪表整齐						
重心平稳、面带微笑						
蹲姿优雅、手位规范						
脚位得当、应用灵活						
展示顺畅、合作愉快						

评价分数：每项 20 分，满分 100 分。90~100 分为优秀 A，80~90 分为合格 B，70~80 分为基本合格 C，70 以下为不合格 D。

知识链接

奥运礼仪志愿者是这样练成的

北京奥运会帆船帆板比赛礼仪志愿者名单于 2008 年 4 月份基本确定。110 位姑娘从青岛 16 所院校 2000 多名报名者中选拔出来。这些"90 后"姑娘集中在青岛外事服务学校统一接受培训。

礼仪志愿者们每天都上奥运知识专业课程和进行形体训练。负责训练的王老师说，训练非常严格，特别是形体训练甚至可以说是苛刻。例如练习微笑，礼仪服务的笑容很重要。我国传统文化中的美女是"笑不露齿"，但这样的笑容过于含蓄。如何将两种美丽有机结合在一起成了难题。嘴张大了不行，小了也不可以，甚至对露出的牙齿数都有严格的要求，要露出 6~8 颗牙齿，不能多，也不能少。

在练习微笑时，老师要求每个人嘴里咬一根筷子找感觉。几十分钟下来，许多姑娘脸部肌肉发麻，嘴唇磨破。而练习站姿，老师要求必须穿 5cm 高的高跟鞋，头上顶一本书，两腿膝盖间夹一张 A4 纸，一站就是一个小时。无论是书还是纸都不可以掉下来，否则就得重来。

其实，北京奥组委早在 2007 年 6 月初开始，就在多所学校进行礼仪志愿者选拔。入选者不仅要相貌出众、学习成绩优秀，还要有一定的英语对话能力。主办方对候选者的气质、体态、皮肤、综合素质也有严格的要求，身高需在 1.68~1.78 米，年龄在 18~25 岁，身材要好，对于体重没有严格规定，但是对三围有一定指导性标准。

奥运服务是面向世界各国运用员、教练员及后勤服务人员。无论是礼仪志愿者，还是颁奖礼仪服务人员都需要付出十倍、百倍的努力，才能完成这份来之不易的工作，才能在世界观众面前展示"最美中国形象"。最终，礼仪志愿者们也用实际行动证明了自己的实力。她们是当之无愧的"最美志愿者"。

任务四 交往沟通礼仪

模块一 常用交往沟通礼仪

一、见面礼仪

(一) 问候礼仪

问候是最先向对方传递友好信息的一种方式。客运服务员主动、积极地表达自己的礼貌问候,是向乘客表达诚意的具体表现,也是给乘客留下美好印象的开始。

在问候时应注意以下礼仪规范。

1. 问候要积极主动

客运服务员的主动问候会给乘客温暖舒心的感受,可以让自己在后续工作中占据主动。即便是乘客先打招呼,客运服务人员也要立即回应乘客。

2. 问候声音要清晰、悦耳、温和

见面时,客运服务员对乘客的心态不可预知。但一声悦耳温和的问候,就能调动起积极的情绪。尤其在乘客疲惫、焦急、烦躁的心境状态下,清晰舒心的问候会使乘客感受到更多的轻松、踏实、稳重的心绪,更有利于服务工作的开展。

3. 眼睛要形神兼备

问候时客运服务员要注视乘客的眼睛,坦诚地表达对乘客的欢迎。要做到眼型、眼神笑、嘴角笑。伴随着恰当的微笑、礼貌的点头致意,同时也向乘客展示了积极、热情、乐观的服务态度。

(二) 称呼礼仪

在问候乘客时,客运乘务往往需要运用适宜的称呼。如"您""先生""女士""师傅"等。适当地运用称呼,会给人留下彬彬有礼的印象。客运服务员的称呼要热情、谦恭、亲切、恰当。

1. 多用敬词称呼

客运服务人员要习惯使用敬词,表示对乘客的尊敬。如"您""您老""前辈"等。

2. 善用亲属性称谓

客运服务人员在为特殊乘客提供服务时可以根据对方年龄特点,用好生活化的亲属称谓。如"哥""姐""大妈""大叔""爷爷""奶奶"等。称呼时可以用适当年轻化的称呼,但不宜出现有年龄差异过大的不当称呼。

3. 灵活用好职业称谓

对带有明显职业特点的乘客,可以对方的职业来称呼对方。如"警察、大夫、医生、老师"等,可以冠之以姓。

4. 用好职称性称谓

对重要乘客,如干部、技术人员应用职称性称谓称呼对方,一般在职务前加上对方姓氏。如"某书记、某教授、某工程师"等。

5. 灵活应用姓名称谓

遇到熟悉的同事、朋友，可根据情况，灵活称呼人为"老+姓"（老张等）；长辈称小辈年轻人为"小+姓"（小田等）。

6. 用好统称性称呼

如男性乘客可统称"先生"、女性乘客可统称"女士"。这种当今社会上最为流行的称呼，在服务工作中也同样适用。

小贴士

握手礼的起源

握手礼首先起源于人与人的交往。在原始社会，人们常常有意无意地用一些象征性动作，如原始人用拍手、击掌、拥抱等来表达他们的感情意向；用手舞足蹈庆贺狩猎的胜利。当不同部落里的人相遇时，如果双方都怀有善意，便伸出一只手来，手心朝前，向对方表示自己手中没有石头或其他武器；走近之后，两人互相摸摸右手，以示友好。这种源于交往安全需要的动作沿袭下来，便成为今天人们常用的表示友好的握手礼。

（三）握手礼仪

工作岗位上，客运服务人员一般不要主动与乘客握手。在与乘客沟通交流时，要根据情况灵活掌握。当乘客主动伸手表示感激、祝贺、安慰、鼓励时，服务人员可以灵活伸手相握。握手时要讲究一定的礼仪规范。

1. 讲究握手顺序

握手时，主动权一般掌握在尊者、长辈、女士手中。长辈与晚辈相遇，长辈伸手后晚辈才能伸手相握；上下级之间，上级伸手后下级才能接握；主人与客人之间，迎客时主人应主动伸手；送客时，则应客方先出手。男士与女士相遇，一般女士先伸手后，男士才能伸手相握。公众场合，如果一方忽略了握手礼的先后次序已经伸手，另一方也不应迟疑，更不应拒绝握手（图2-4-1）。

图2-4-1 握手礼仪

2. 握手要领准确

握手时，一般距离受礼者1米左右，双脚靠拢，上身稍向前倾，伸出右手约平腰的高度，四指并拢，虎口张开，手掌与地面垂直，和受礼者右手相握。握手时要注视对方，礼貌交流。如："很高兴认识您""感谢您的帮助""祝您旅途愉快。"

握手时力度要适中，时间要适宜。力度不宜过大，也不宜过小。握手时间一般以3～5秒钟为宜。

3. 握手礼仪禁忌常识

握手时严禁掌心向下或掌心向上；严禁戴手套或戴墨镜与人握手（女士礼服上的薄纱手套可以不摘）；严禁脏手或湿手与人相握；多人握手时，一般先与尊者握手，再按照一定顺序与他人依次握手，严禁跳跃式握手或交叉式握手。异性之间不宜只握对方手指部分或者有长时间握着不放的不文明举止。

（四）鞠躬礼仪

鞠躬即弯身行礼，源于中国的商代，是一种古老而文明的对他人表示尊敬的郑重礼节。它既适用于庄严肃穆或喜庆欢乐的场合，又适用于普通的社交和商务活动场合。鞠躬礼适用的场合众多。客运乘务员与初次见面的乘客、熟悉的同事、指导工作的上级、遇到的长辈乘客，都可以用行鞠躬礼表达诚意。

客运乘务员的鞠躬礼可以分为三种：15°欠身鞠躬礼、30°迎宾鞠躬礼、45°送客鞠躬礼。

鞠躬礼仪的基本要求如下：鞠躬时，双脚靠拢，保持头部、颈部、背部成一条直线，根据所处场合灵活控制上身前倾幅度。行礼前，应身体肃立，目光平视，身体腰部以上前倾。视线随身体前倾幅度而变化。手臂可以放在身体前方。庄严肃穆场所可垂臂在身体两侧。

1. 欠身致意（15°欠身）

行欠身礼时可以目视对方，身体稍向前倾。与同事见面、工作中遇到乘客或为乘客递送物品、为乘客递送茶水时，都可以行15°欠身礼（图2-4-2），并伴随礼貌用语"您好，请坐""这是为您准备的茶水，请慢用。"

图2-4-2 欠身致意

2. 鞠躬迎宾（30°鞠躬）

客运乘务员工作时要提前到位，整齐着装。当贵宾乘客出现在视野范围内乘务员应保持微笑。距离 3～5m 范围内要做好迎接准备。距离约 2m 远时要鞠躬 30°迎接。鞠躬时两手相握，提放在腰间，头部、颈部、肩背部成一条直线。目光微收，身体前倾约 30°，目光约落在身体前下方，保持约 2～3 秒钟后平稳起身，注视对方（图 2-4-3）。在迎接重要乘客到来时，要随时做好服务准备。对乘客的问询要及时给出准确的回复。这种 30°鞠躬礼一般应用在迎接重要乘客或贵宾休息室等工作场所，并伴随礼貌用语，如："欢迎您来到××站""请您多提宝贵意见。"

图 2-4-3　鞠躬迎宾

3. 送客鞠躬（45°鞠躬）

站台接待人员工作中要严格要求自己，掌握好鞠躬的仪态美，把服务做在乘客开口前。向乘客表示歉意或欢送乘客时，可以行 45°的鞠躬礼，而后平稳起身（图 2-4-4）。注意要伴随礼貌的服务语言："欢迎下次再来""对不起，本次列车车门已经关闭，下一班车将在 10 分钟后到达。请您耐心等待。"

图 2-4-4　鞠躬送客

二、电话礼仪

电话是人们生活工作中最常用的通信工具之一。电话交往虽然是"只闻其声，不见其人"，但依旧能给对方留下深刻的印象。从电话传递的声音中，人们可以获取许多的信息。如兴奋的心情、愉悦的声音、沉重的话语、焦急的心情等。在日常工作中，客运服务人员无论是面对乘客，还是面对领导、同事，都需要掌握礼貌、规范的电话礼仪。

1. 拨打电话礼仪

在拨打电话前，要把电话中要说的事情打好腹稿，语言要言简意赅，控制好通话时间。同时还要备好纸和笔，以便于随时记录乘客的有效信息。

拨打电话应选择恰当的通话时间、适宜的通话地点、分清适宜的通话场合。一般来说，早上8点之前或晚上10点之后均不适宜打工作电话。节假日、休息时间、用餐时段要避免拨打工作电话。必要的工作电话在拨通后要先表示歉意，再说明通话事宜。

客运服务人员在拨打工作电话时要考虑到通话的场所是否安静、拨打电话时对方是否方便接听等基本情况。注意工作时间严禁利用公共资源拨打私人电话。要避免在嘈杂的环境、不适宜的场合、或情绪不稳定的状态下拨打工作电话。

2. 接听电话

客运服务人员在工作岗位上接听工作电话应尽量在电话铃响三声之内接起，同时要保持微笑状态，在电话接起后礼貌问候对方，并主动报上单位、部门的名称及自己的工号。吐字要清晰，单位的公开信息要准确（图2-4-5）。

图 2-4-5　接听电话

如"您好，这里是××车站，请讲。"服务人员在接通电话后，要养成边听边记录的良好工作习惯。在让对方感受到客运服务人员工作的热情和积极的工作态度。要快速准确记录好相关重要文字、数据、或时间等重要信息。注意控制通话时间。如果来电话谈话内容很长，则必须给予回应，给乘客另外的客服电话线路，必要时可以另约时间地点详细面谈。长时间的通话，客运服务员要及时使用"是的""好的"等语言来回应，表示自己始终在认真倾听。

结束通话时，服务员要用积极的态度感谢对方的来电。一般应当由拨打电话的一方提出结束，然后彼此礼貌道别后再挂断电话。切不可先挂断电话或放电话的声响过大。

三、交谈礼仪

交谈是客运服务员与乘客建立良好人际关系的重要途径，也是日常接待工作的主体。客运服务员与乘客的交谈，要做到尊重乘客，保持礼让原则，注意交谈的表情、态度、内容、表达方式等。

客运服务员与乘客交谈的礼仪要做到"三到"，即眼到、口到、意到。

眼到是指与乘客之间要有目光交流。客运服务员的注视目光要友善，多采用平视方式，必要的时候要善于用仰视目光与乘客交流。一般目光交流一次性注视时间约为3秒钟。可以在注视3秒钟视线稍离开，而后再移回。总体讲，客运服务员交谈时，注视的总体时间约占相处时间的1/3~2/3。

口到是指与乘客交流时要讲普通话，称呼要热情准确，以表达对乘客的尊重，体现社会风尚，展现个人修养。

意到是指通过微笑把友善、热情表现出来。做到不卑不亢、落落大方。客运服务员与乘客交谈时，表情自然大方、态度诚恳，面带微笑，语气亲切，很容易拉近与乘客之间的沟通距离。切忌边埋头工作边与乘客交谈。

客运服务员文明规范的服务语言要求如下：

1. 常用敬语

使用敬语是客运服务人员与乘客交流的基本要求。常用的敬语有："请""您""劳驾""谢谢""再见"。

2. 灵活应用委婉语与致歉语

委婉语是在服务工作中表达不方便直接说的人或事物时常用的语言。如乘客有疑问但不方便直接答复时，可灵活让对方等候，如"您稍等，我帮您核实一下。"

客运服务人员在服务中麻烦、打扰或妨碍他人时，要及时向对方表示歉意。常用的致歉语有"对不起""非常抱歉""请原谅"等。表达歉意时要真诚、言行一致。

3. 与乘客交谈时的注意事项

（1）要关注到在场人员

服务人员要少说，多听、多做。交谈现场超过3人时，要注意视线语言要面向在场所有人员。不能只与一两个人谈话而不理睬他人。

（2）要善于聆听对方谈话

服务人员不可轻易打断别人说话，确实需要发表个人意见或进行补充时应待对方把话讲完。不宜出现频繁看表、随意走动或打哈欠等不礼貌行为。

（3）妥善处理争议

交谈时遇到有争议问题时，更要注意以礼相待。一般性的交谈中，应允许各抒己见。有不同意见，可以委婉提出，切不可与人争得面红耳赤。绝不能恶语相加或使用挖苦、伤害性语言刺激对方。

（4）不轻易质疑否定他人

交谈中，服务人员不要轻易质疑或否定他人谈话，要善于聆听他人的意见。无关大是大非问题一般不宜当面否定。

　　礼仪是一张人际交往的名片,可以帮助我们规范言谈举止,学会待人接物,塑造良好职业形象,赢得更多的社会尊重。讲究交谈礼仪也是帮助客运服务人员获得成功交流的"通行证"。知礼、懂礼、守礼、行礼,这是每位乘务人员立足岗位的基本前提,也是为乘客真诚服务的重要保证。

项目三　客运服务岗位常用服务礼仪

学习目标

1. 掌握客运服务各岗位服务礼仪的基本要求。
2. 能够熟练应用岗位服务礼仪的使用技巧。
3. 树立客运服务礼仪意识，注重客运服务礼仪修养，以礼仪规范约束自身行为。

任务一　乘客问讯处服务

乘客问讯处是客运服务的窗口。服务人员服务水平的高低是乘客对站务服务产生深刻印象、做出关键评价的重要依据。现阶段，随着轨道交通事业的发展，城市地铁站务服务的客流量大大增长，乘客文化层次的差异化也逐步扩大。随着中国数字科技的飞速发展，为乘客提供问讯服务的工作业务也增添了新的内容。提高服务质量、减少乘客投诉也是现阶段乘客咨询服务的工作重点（图3-1-1）。

图3-1-1　问讯服务

模块一　基本要求与职责

任务书

结合案例，请以小组为单位，分析案例中客运服务员应该如何处理效果会更好。总结乘客问讯处服务的基本要求有哪些。

案例

"坚守岗位"的乘务员

一天,一名乘客反映在××站出站时,因为携带两个大个箱子,抬下楼梯时很不方便。于是询问一位年轻的乘务员:"您好,能不能帮忙把将二楼到一楼的电梯开一下?"服务员回答说:"对不起,我们有规定不能私自离开岗位。"乘客求助不成,只能自己一个一个把大箱子从楼梯上搬下去。年轻的服务员依旧微笑着坚守着自己的岗位……

客运服务人员工作中要把握一定的灵活性。要做到"眼勤""腿勤""手勤""心勤"。

一、岗位基本要求

(1) 仪表整洁大方,仪容端庄得体。工号牌要统一佩戴在左胸前。
(2) 工作时要精神饱满,思想集中,严禁闲聊说笑。
(3) 上岗前要准备好相应的物品和计算机、设备,掌握相应交通线路、路况车次方位等信息,以确保为乘客的问询服务的准确性。
(4) 具有一定的英语沟通交流能力,随时做好为外国乘客服务的准备。
(5) 具有一定的服务接待能力,能够满足为不同类型乘客服务的应变能力。
(6) 富有爱心,善于帮助遇到需要帮助的老人、儿童或乘客。要积极热情地协助他们尽快出站,随时做好服务乘客的准备。

二、岗位基本职责

(1) 客运服务员工作时要核实确认站厅导向标志的清晰、准确、正确和有无损坏。
(2) 要事先检查好工作区域的照明设施,确保设备设施运营状态良好。
(3) 要确保各种悬挂设施完整、牢固、稳定,没有伤及乘客危险的情况。
(4) 当大厅地面有水时,应放置"小心地滑"等告示牌。特殊天气要放置挡水物品,同时要及时清理积水。
(5) 发现有不明确乘车方向的乘客时,应主动耐心上前询问,及时给以引导帮助。

模块二 问讯处特殊事件处理

【事件一】 乘客询问服务人员不熟悉的乘车路线
处理方式
(1) 对乘客的问题要做到有问必答,但不能主观臆断。
(2) 对于不了解的线路问询要及时向乘客表示歉意。
(3) 积极协助乘客咨询有关人员,并及时告知乘客。如:"对不起,您稍等,我马上帮您查询。"

【事件二】 乘客要求帮忙找人或找物
处理方式
(1) 树立"急乘客之所急、想乘客之所想、帮乘客之所需"的服务意识。
(2) 及时记录乘客的求助的关键信息,上报主管领导知晓。由领导协调站内相关服务人员一起努力，立即寻找。如有必要请行车值班员与相应的站务服务中心联系。并请乘客留下相应的姓名、联系电话，以方便及时联系。

案例

寻包

"您好，我的包落在车上了，能不能帮忙找一下？"

"好的，您别着急，我马上帮您落实。请问您的包有什么明显的特征？"

"我的包是个黑的双肩包，大约落在去东城方向17号车厢右侧座椅的下方。上面系着一个蓝色球球。"

"您的包是个黑色双肩包，上面系着一个蓝色球球，大约落在去东城方向17号车厢右侧座椅下方对吧？"

"请留一下您的联络方式。"

"我的电话是××××××，名字是×××。"

"好的，×先生，我们马上帮您落实。请保持电话畅通，我们会及时跟您联络。"

"好的，谢谢。"

模块三 情境训练

实训目标：根据客运服务工作情境进行为乘客服务的模拟演练。

实训准备：分为服务组及乘客组，设定好相应的工作场景。

实训情境：

【情境一】一名带着外地口音的乘客第一次乘坐地铁，因不熟悉乘车路线，向问讯处工作人员询问。如果你是当班服务人员，你该如何处理？

【情境二】一名乘客下车后，发现自己的包裹落在了地铁座椅上。乘客来到问讯处寻求帮助。如果你是值班员你该如何处理呢？

【情境三】在当班过程中，一位5岁的小朋友与母亲走散，来到问讯处寻求帮助。如果你遇到该儿童，你会如何处理呢？

实训活动要求：各组员认真投入，按照分配的角色，用规范礼貌的服务用语，准确完成模拟演练。

考核评价表

评价内容	A	B	C	D	改进建议	合计类别
场景设计合理，可行性强						
语言交流通畅与场景吻合						
模拟展示和谐、符合礼仪规范						
事件处理圆满、符合岗位要求						
小组团结一心合作能力强						

评价分数：每项20分，满分100分。90～100分为优秀A，80～90分为合格B，70～80分为基本合格C，70以下为不合格D。

任务二　乘客票务服务

在站务售票务服务中，票务员承担着票据处理的繁忙工作。他们工作水平的高低，直接影响着整个运营车站的服务形象。

模块一　基本要求与职责

任务书

结合案例，请以小组为单位，分析案例当中客运服务工作人员存在哪些不妥之处，总结乘客票务服务的基本要求。

案例

"充值"风波

2010年9月，北京地铁某车站，一位乘客来到售票窗口要求为储值卡充值，因为是客流高峰期（北京地铁规定客流高峰期不能提供充值服务），售票员没有解释原因，很直率地说："不能充值。"可该乘客要求解释原因时，售票员头也没抬，不耐烦地用手指了指旁边的告示，接着就给下一位乘客售票。这位乘客很生气，认为该售票员态度恶劣，于是嘟囔了一句"什么素质！"售票员一听也很委屈，直接回了一句"怎么说话呢？"……两人你一言，我一语，直接就发生了争执，直到值班经理来了才平息下来。

可售票员始终认为制度规定了客流高峰期不能充值，她也觉得自己没有做错。乘客也很不满意，最终还是投诉了该运营公司。

在站务服务中，票务服务的基本要求有以下几方面：

（1）热爱本职工作，坚守工作岗位，按规定着装，佩戴企业标志。
（2）严格执行本企业运营有关规章制度和上级指令。
（3）严禁当班饮酒及做与工作无关的事情，不得代人存放物品。
（4）交接班时要严格执行票务管理规定。
（5）严格按AFC操作规程开启、使用、关闭BOM机（半自动售票机），规范服务用语，唱收唱付，准确无误地出售票卡。
（6）严格执行财会制度及票务管理规定，认真填写各种报表单据和交接款登记簿，严禁携带私款上岗。任何个人或集体不得挪用票款。
（7）不得拒收零钞和残旧能使用的人民币。找零时应方便乘客，避免纠纷，发现假钞妥善处理。
（8）外来人员不得进入售票室。需要离开岗位时，要收好票款，锁好票。无人售票时窗口要挂牌示意（全自动售票机要严格按操作规程操作）。
（9）售票室内物品摆放整齐，要严格执行交接班制度，保持室内清洁。
（10）末班车过后，与有关人员核对票款，共同确认无误后，将其妥善保管，下班前仔细检查室内相关设备和电源是否关闭，确认无误方可锁门，钥匙上交。

模块二　基本流程

在乘客购买单程票卡时,售票员应该严格执行"一迎、二收、三唱、四操作、五找零、六告别"的程序(图 3-2-1)。

图 3-2-1　售票

(一) 售票员操作流程

1. 迎

面带微笑迎接乘客。切不可面无表情、无精打采。使用礼貌用语,如:"您好,请问您去哪里?""您需要几张票?""共×××元。"

2. 收

面带微笑向乘客。接过票款后,进行验钞。要避免一言不发式售票服务。使用礼貌用语,如:"您好,收您×××元。"

3. 唱

及时重复乘客要求的购票张数和车票类型,重复票款金额。使用礼貌用语,如:"您买的是到×××车站的单程票,××张,共×××元。"

4. 操作

在 BOM 机上选择相应功能键,处理车票。

5. 找零

客运售票员要清楚说出找零的金额和车票张数,将车票和找回的零钱一起礼貌地递交给乘客,并提醒乘客当面点清。使用礼貌用语,如:"这是找您的×元零钱和您的×张票卡,请收好。"

6. 道别

乘客离开时客运服务员要礼貌相送。使用礼貌用语,如:"您慢走。"

(二) 售票服务常见问题处理

1. 乘客给付的是残缺的票款

收到残缺的票款,售票服务员可以要求乘客重新调换再付。如缺损 1/4 以上的纸币、辨认不清面值的纸币。除上述两种情况外,符合规定的人民币(哪怕再小的零钱)都应该及时收取。

当乘客给付的残钞按规定不能接受时，站务人员应在拒绝收取的同时，礼貌地向乘客解释清楚。使用礼貌用语，如："对不起，您给我的纸币残缺过大，不符合财务的收存标准。麻烦您换一张，谢谢您的支持。残钞可到银行兑换。"

2. 乘客给付的是假钞

（1）当发现乘客给付的是假钞时，应让对方仔细查验一下有没有给错。尽量避免让乘客感到难堪，并礼貌告知乘客如果是假钞要统一上交。使用礼貌用语，如："对不起麻烦您看一下是不是拿错了？请您核实后再付。""按照规定假钞需要统一上交。请核实好。"

（2）礼貌要求乘客更换："对不起，请您换一张支付。"

（3）如果提醒无效，应向乘客解释原因："对不起，您给我的纸币不能被验钞机识别，麻烦您更换一张，谢谢合作。"

（4）如遇到数量较多的假币，应立即报告值班站长或请求公安人员出面处理。

3. 找不开零钱时

当遇到找不开零钱时，客运服务人员不要直接建议乘客去另外的入口处买票或充值。应礼貌询问："对不起，请问您有零钱吗？"

如果乘客没有零钱，应向乘客表示抱歉："对不起，这里的零钱刚找完，请您稍等，我们马上备好。"或"您是否可以用其他方式支付？"

4. 协调好在客服中心服务窗口前排长队乘客

当发现乘客在售票中心排长队时，一定要及时上报主管领导，做好乘客的疏导安抚工作。

（1）对等待已久或感觉不耐烦的乘客要礼貌表示歉意，尽力做好安抚工作。"对不起，请您稍等，我们尽快帮您办理。"

（2）如果需要较多时间接待某位乘客，可以向其他同事请求帮助，将该乘客带离到其他办公场所进行单独沟通。必要时要灵活引导乘客到自助售票机前协助乘客购买。

（3）遇到排队乘客投诉，则应优先处理，及时道歉："对不起，让您久等了，我们尽快为您办理。"

5. 处理乘客插队事件

当发现有乘客插队时，应用礼貌而坚定的语气给以提示。如："对不起，麻烦您到后面排队，我们会尽快帮您办理。""建议您到自动售票机前买。或者帮您在手机上下载购票 App 进行购买。"

6. 乘客要求退票

遇到这种情况，首先要问明情况，向乘客表示歉意，说明车站的制度，并解释清楚单程票卡不予退票的规定。如果办理储值票退票，则需要向乘客说明到指定的储值票发放点办理。如："对不起，依照客运制度规定，您的单程票卡不能帮您退票。谢谢您的合作。""如要您办理储值票退票，您可以到指定的储值票发放点办理。谢谢您的支持。"

7. 处理售票机发生故障问题

遇到这种情况，客运服务员的反应要快，应立即表示感谢。如："感谢您的信息，我们会尽快处理好。"对于突发事件要及时通知相关负责人员处理，确保工作的有序开展。

8. 积极应对情绪反应较大的乘客或难以处理的个案

（1）请其他同事协助，将乘客带往办公区休息室等地方。为乘客送好茶水，缓和乘客情绪状态。

(2) 在处理过程中应有不少于两人在现场。

(3) 要认真倾听乘客的需求。

(4) 不要一味地否定乘客的表述，即便是乘客的表述存在问题。

(5) 如果在处理过程中发现无法独自处理此事，要及时联系上级主管领导取得帮助。明确告知乘客，表示对此事的重视，力求事情的完美解决。

模块三　一卡通（储值卡）发卡、充值服务

一、一卡通发卡、充值服务的基本流程

在进行一卡通发卡和充值时，应严格遵守"一迎、二收、三确认、四操作、五找零、六告别"的程序。一卡通发卡、充值服务的基本流程。

一卡通发卡、充值服务的基本流程

程序	内容
一迎	面带微笑、主动向乘客说"您好"； 问清乘客预购一卡通金额或充值金额
二收	收取乘客的票款："您好，收您××元。" 接过票款后，进行验钞，并将收取的票款放在售票台面上；严禁拒收旧钞、零币
三确认	对于购买一卡通的乘客，提醒乘客根据显示屏确认票卡内金额；对于充值的乘客，则需要重复乘客充值的金额和票卡当前余额，并提示乘客根据显示屏确认充值后的金额。如："您卡上余额是××元，充值××元，充值后金额为××元，请核对信息。"
四操作	按照设备使用规定，操作BOM机准确发售票卡或充值
五找零	清楚说出找回的金额； 将找零、一卡通、收据和发票一起礼貌地交给乘客； 提醒乘客当面点清； 应做到有新不给旧，有整不给零
六告别	"请您慢走"。待乘客离开窗口后，将台面上的票款收好放进抽屉内

二、一卡通服务常见问题处理

1. 乘客需要的某些一卡通服务在车站无法办理

(1) 首先向乘客表示歉意，给予适当安抚。

(2) 向乘客解释车站没有办理此项业务的权限。

(3) 如果乘客办理退卡，告知乘客可以到指定的网点办理退卡，并告诉乘客离本车站最近的网点位置。如："对不起，目前我们的站点没法办理这项业务。您可以在工作日到距离我们站点大约×站远的××路××号固定的网点办理。"

2. 处理乘客一卡通无法刷卡进站问题

(1) 首先要安抚乘客情绪，双手接过乘客的票卡，查询乘客一卡通的基本信息，判断无法进站的原因。使用礼貌用语，如："您别着急，我帮您查一下。"

(2) 如果是一卡通余额不足，则礼貌地提醒乘客充值或购买单程票卡进站。使用礼貌用语，如："您好，您的余额不足，请您充值后再用，谢谢您的合作。"

（3）如果乘客已有本次进站记录，可以告知乘客一张卡只能一人一卡。避免出现一卡多人进站的问题。

（4）如果一卡通无上次出站记录，则补写出站信息，扣除相应的费用，并提醒乘客出站时也需要刷卡。

（5）如果一卡通消磁，则应礼貌提醒乘客购买单程票卡进站，并建议乘客可以到指定网点办理换卡的手续。

模块四　自助售票服务

随着我国科技的飞速发展，智能仪器设备的引入和自助售票设备的开发，大大缓解了人们出行购票的压力，减少了人们长时间排队和人群聚集情况的发生。相比较而言，年轻人对智能操作系统应用适应较快，但对于中老年乘客出行，则需要客运服务人员进行辅助指导，如图 3-2-2 所示。

图 3-2-2　自助售票设备

一、乘客初次使用自助售票设备

作为客运服务人员，要耐心辅助乘客完成自动售票设备的使用。尽可能用规范的手势指导乘客完成每一步操作。指导时要尽量让乘客自己操作，避免直接接触乘客物品或财物，以免发生不必要的纠纷。

对于初次乘坐地铁出行的乘客，客运服务人员要耐心指导乘客及时刷卡进站，并提醒乘客要妥善保管票卡，并告知乘客单程卡出站时票卡要统一回收。

二、乘客使用自助售票设备出现卡币问题

出现卡币问题，工作人员要及时协助，认真检查设备状态。按票务管理规定及时打开维修门确认没有出现卡币现象，让乘客核实确认后，再礼貌协助乘客完成后续操作。

对明确显示卡币问题，要向乘客道歉并按票务管理规定，开启设备维修门，确认有卡币现象后，帮乘客处理好，再次向乘客表示歉意。使用礼貌用语，如："对不起，给您添麻烦了，请您谅解，我们马上为您处理。"

当机器设备出现故障时，服务人员要及时向乘客道歉，引导乘客到其他的机器办

理。使用礼貌用语，如："对不起，机器出现故障，目前我们不能为您办理，请您谅解。麻烦您到另一台机器购买。谢谢您的合作。"而后立即上报主管领导，主动悬挂好机器故障标志，并及时上报，做好设备维修工作。

三、乘客使用自助售票设备出现卡票现象

发现卡票，工作人员要安抚乘客，立即打开维修门查看检查设备状态。使用礼貌用语，如："对不起，您稍等。"

如果显示卡票，要按照规定为乘客办理。使用礼貌用语，如："对不起，我们立即为您重新发售车票。"

如果打开维修门发现没有卡票现象，客运服务人员要向乘客做好解释工作，必要时可以由值班站长协助处理。

四、售票亭处排队乘客较多

遇到乘客众多，需要排队购票时，客运服务员要面带微笑，主动疏导："大家注意，现在购票人数太多，建议您使用自动售票机购票或充值。谢谢合作。"在征得乘客同意后及时引领乘客到自动售票机前购票或充值："您好，请跟我来。"

模块五　发售福利票、处理坏票及其他票务问讯服务

一、发售福利票服务的基本流程

（1）主动问候乘客："您好，请出示您的证件。"
（2）双手接过乘客的相关证件，核对乘客所持有的免费证件是否有效。使用礼貌用语，如："请稍等。"
（3）如实填写福利票换领记录，并要求乘客签字确认。使用礼貌用语，如："请填写您的相关信息。"
（4）将福利票双手递给乘客。使用礼貌用语，如："您的票，请收好。"

二、乘客的单程票卡不能正常出站

首先要先安抚乘客，及时表示歉意。认真查询票卡的基本信息。如果无法识别，则应免费为乘客换取出站票。

三、乘客因使用不当造成单程票卡明显损坏

（1）首先应及时安抚乘客："很抱歉，您的票卡已经损坏，无法正常刷卡。"
（2）要求乘客支付单程票卡的成本费，向乘客耐心解释车站的规章制度："我们可以为您重新办理新卡，但需要您支付工本费×元。您旧卡里的剩余款额会为您转存到此卡中。"
（3）帮助乘客换取出站票出站。

小贴士

对遇到持有残疾证（视力残疾）的盲人乘客，在为他们发放福利票的同时，也需要向其陪同人员发放一张福利票。

案例分析

一张"福利票"

一天，一名男乘客拿着伤残军人证换福利票。售票员辨认后，认为该证件是伪造证件。于是直接大声向乘客指出该证件是伪造的，不同意为他兑换。乘客觉得没有面子，开口就骂脏话，直接和该售票员发生了争吵，严重影响了其他乘客的售票服务工作。一分钟以后，该售票员急忙请求值班站长来协助处理。该乘客一听，骂骂咧咧地离开了车站。

思考

（1）在上述案例中，票务员有哪些地方做得不合适？
（2）乘客和售票员争吵的主要原因是什么？如何避免乘客再次利用伪证？
（3）如果你是售票员，你会如何处理？

知识链接

换取福利票的相关规定（北京）

根据北京市政府相关规定，以下人员可持证换领福利票：
（1）持离休证的离休干部；
（2）持残疾军人证的残疾军人，持伤残警察证的伤残警察；
（3）持士兵证的现役士兵（含武警士兵）；
（4）持残疾证的盲人；
（5）其他可换领福利票的人员及所持证件，以票务室通知为准。

模块六　处理坏票及其他票务服务

一、乘客的单程票卡不能正常出站

（1）首先要先安抚乘客，及时道歉。
（2）简单查询票卡的基本信息，如果无法识别，则免费换取出站票。

二、乘客要求退票

如果线路运营正常，应按照城市轨道交通运营企业的相关规定不予退票。具体处理方法如下：
（1）首先要说明车站的制度，向乘客表示抱歉："对不起，按照规定我们不能帮您退票。"
（2）向乘客解释单程票卡一律不给退票。
（3）如要办理储值卡退票，则需要到指定的储值票发放点办理。
线路运营发生故障。具体处理方法如下：
（1）安抚乘客的急躁心理，并向乘客道歉："对不起，请稍候，我们马上帮您解决。"
（2）立即上报值班站长，经值班站长允许后按规定退票。

模块七　票务服务特殊事件处理

【事件一】 乘客询问如何购票

处理方式

客运售票员要热情接待，礼貌问询乘客要去的目的地。根据乘客情况，耐心为乘客讲述购票方法。提醒乘客购票时应重点关注的问题。如："您好，请问您去哪里？""如果您需要买单程票，可以在售票处或自动售票机位置购买；如果您需要买储值票，可在指定的售票处购买。"

【事件二】 乘客不排队购票

处理方式

客运售票员要礼貌地向乘客指出应该排队，依次等候购票。注意不能给予插队乘客超前办理购票。

【事件三】 票款不符与乘客发生纠纷

处理方式

售票员遇到票款不符时，正确的处理方式如下：

（1）应耐心向乘客解释："对不起，我们的票款需要当面点清的，请您再确认一下，您的票款是否正确。"

（2）如果乘客坚持票款没问题，客运服务员应做好解释："乘客您好，请留下您的联系电话，我们查证后会跟您联系。如果出现多出的款项，我们会及时还您。希望您能谅解，谢谢合作。"

（3）查账后，如果出现多出的款项，应立即退还给乘客，并向乘客道歉解释："对不起，由于我们工作的疏忽给您带来了不便，希望得到您的谅解，我们一定会避免这类事件的发生。"

（4）查对后，如果款项无异常，应耐心向乘客解释，做好安抚工作："对不起，乘客，经我们查实，售票员的票款没有差错，请您谅解。"

模块八　人工智能售票

随着科技的飞速发展，轨道交通运营售票逐步改变的传统的人工售票模式，加入了人工智能服务。运营企业在售票方式上，主要有网络售票、自动售票机售票两种形式。

1. 网络售票

网络售票就是乘客通过网络工具——计算机或用手机下载购票 App，准确填报个人信息后提前在网上购票的一种形式。

网络购票时，需要准确提供乘车人的有效身份证件信息。依据填报的上车、下车站台，选择银行卡或支付宝付款方式后，售票系统会自动生成乘车二维码。乘客在进站台时要保持网络畅通，提前打开生成的二维码，在离闸机读卡摄像头扫描口前约 5cm 高位置，扫码进站。

网上购票乘客在办理购票后，不可以在网上办理退票。如果需要退票或改签，需要到站台窗口办理。否则将影响乘客的下次购票乘车。

2. 自动售票机售票

自动售票机售票是乘客来到地铁后,点击售票机的售票窗口,依据行程目的地所在站口,输入站台地址,并依据售票机提示插入购票钱款。或者用关联的银行卡或手机支付宝扫码形式支付票款。支付成功后,售票机会自动将票据送出。如果票款支付需要找零,自动售票机会自动完成找零,随票据一起从出票口送出。

应当说人工智能办公系统好处事、效率高、服务精准,对运营企业来说还可以节约人力资源成本。随着人工智能机器的普及,许多站台的人工售票服务正逐步减少。但由于地铁运营服务一些充值、售票及退票工作还需与乘客当面完成,售票服务还要面向少部分不善于使用智能手机的乘客。在大的地铁运营站依旧会设立重要的人工售票服务窗口。作为站务服务人员需要不断学习,来适应不断变化的新服务形式。

温馨提示

在城市,最经济、最普遍的出行方式是乘坐地铁或公交。上海地铁站实行按乘坐里程计费的分段票价制。即:0~6千米(含6千米)为3元,6~16千米(含16千米)是4元,16千米以上每10千米增加1元。在外出旅游或出差要注意携带适当的纸币或者处理好手机银行卡绑定业务,确保随时用银行卡或支付宝支付费。

模块九　情景训练

实训目标:能够根据客运服务工作情境进行乘客票务服务。

实训准备:分为服务组及乘客组两大组,设定好工作情境。

实训情境:

【情境一】一名乘客购票时使用一张假钞,在售票员提出后,乘客却拒绝更换。如果你是那位售票员,你会如何处理呢?

【情境二】乘客认为票务员在售票过程中少找了钱,要求票务员返回少找的钱款。如果你是该售票员,你会如何处理呢?

【情境三】在你当班过程中,有一个乘客过来要求买20张单程票,你会直接卖给他吗?你会如何灵活处理?

实训活动要求:各组员认真投入,进入角色,服务用语要准确。

思考

一天,临近运营结束时,一名乘客从换乘站进站购票。买完票后,乘客发现已经没办法赶上换乘线路的末班车,这引发了乘客的严重不满。

(1) 请分析乘客不满意的原因。

(2) 作为售票员,应该怎样做才能避免此类事情的再次发生呢?

考核评价表

评价内容	A	B	C	D	改进建议	合计类别
场景设计合理、可行性强						
语言交流通畅与场景吻合						
模拟展示和谐、符合礼仪规范						

续表

评价内容	A	B	C	D	改进建议	合计类别
事件处理圆满、符合岗位要求						
小组团结一心合作能力强						

评价分数：每项 20 分，满分 100 分。90～100 分为优秀 A，80～90 分为合格 B，70～80 分为基本合格 C，70 以下为不合格 D。

任务三　安检服务

安全检查是与乘客安全息息相关的一项工作。任何一位服务人员，都要严格按照轨道交通运营公司的管理规定，规范自身行为，执行乘客进出站的安全检查规定。

常规的站务安检工作有三种检查方法：一是 X 射线安检设备，主要用于检查乘客的行李物品；二是探测检查门，用于对乘客身体的检查，主要检查乘客是否携带禁带物品；三是磁性探测器，也叫手提式探测器，主要用于对乘客进行近身检查。

安全检查人员要全方位按照规范的服务流程完成检查工作。安全检查服务的基本流程分为三步："一迎接、二检查、三告别"。

（一）迎接

即检查之前，安检人员应主动提示乘客按照要求进行安检（图 3-3-1）。如："您好，请配合我们安全检查。谢谢您的合作"。

（二）检查

进行安全检查时，服务人员要主动伸手，辅助乘客把包或物品放到监测仪上（图 3-3-2）。

图 3-3-1　安检

图 3-3-2　辅助

（三）告别

物品安全检查之后，安全检查人员及时提醒乘客带好物品，及时协助乘客把行李从监测仪上拿下来，礼貌与乘客表示道别（图 3-3-3）。

图 3-3-3　协助

模块一　基本要求与职责

任务书

结合案例，请以小组为单位，分析应该怎样做才能成为一名合格客运安检员。总结出安检服务的基本要求。

案例

一把陶瓷刀

2017年年底的一天，一名男乘客携带双肩背包从北京6号线金台路进站。经过安检点进行随身背包安检时，安检员发现该乘客包内疑似有一把刀具类物品。随即进行开包精检。经过确认，是一把18cm长的陶瓷刀。安检员向该乘客说明该物品是禁止携带的违禁品，不能携带乘坐地铁列车。但该乘客将刀具夺回后强闯进站上车。当即，四名安检员立即通知列车司机并报警，成功拦截了该乘客携带刀具强行闯站的乘车行为。

如果你是一名安检员，怎样做才能成为合格安检员？

一、安检服务的基本要求与职责

作为一名安检员，要明确自身岗位职责，了解安全检查常识，严格执行运营企业规定。

（1）严格执行本企业有关规章制度和上级命令。

（2）热爱本职工作，坚守工作岗位，按规定着装，佩戴标志。严禁当班饮酒及做与工作无关的事情。

（3）严格按操作规程使用安检扫描设备，正确引导乘客使用各种票卡进、出车站。严禁无票、无证者进出车站，确保通道畅通无阻。

（4）衣冠不整者不得进站乘车。酗酒者、1.3米以下儿童、精神病患者、突发病人、智障人士、行动不便者乘车时必须由有监护能力的健康成年人陪同，无人陪同不得进站乘车。

(5) 乘客随身携带质量在 20～50 千克、体积在 0.125～0.25 立方米的物品，需再购一张同程等额的行李票。禁止携带质量超过 50 千克、体积超过 0.25 立方米、长度超过 1.7 米的物品进站乘车。

(6) 乘客应配合工作人员对携带的物品进行安全检查。对拒绝接受安全检查的乘客，工作人员有权阻止其进站或责令其出站。对强行进站或者扰乱安全检查的乘客，则应交由公安部门处理。

(7) 对老、幼、病、残、孕、携带物品多及行动不便者，应提醒乘客注意安全，并予以必要的协助。

知识链接

乘车严禁携带的物品

乘客进站乘车需要遵守相应的物品携带规定。严禁携带的物品主要可以分为以下几类：

(1) 易燃、易爆、有毒、有害、放射性、腐蚀性、杀伤性、压力容器、有刺激性气味的危险品。包括：雷管、鞭炮、汽油、柴油、煤油、白酒、啤酒、油漆、稀料、乳胶漆、电石、液化气、不明液体、非法持有枪械弹药和管制刀具、各种酸类以及可能危及人身、行车安全的其他物品。

(2) 气球、锄头、扁担、铁锯、铁棒、运货平板推车、自行车（折叠自行车除外）或妨碍他人同行的物品。

(3) 易碎、大的家电（如洗衣机、电视机、台式电脑显示器、电冰箱等）以及容易污损地铁设备和车站、车内环境的物品。

(4) 未经包装易造成人身安全的工具（各类尖锐物品）。

(5) 猫、狗、鸟等各种动物或宠物等。

二、安检服务常见问题处理

(一) 发现乘客携带超长、超重物品

首先要礼貌提醒乘客。其次要耐心向乘客解释地铁站的相关规定，建议乘客改乘其他交通工具。如："对不起，为了您和大家的安全，您不能携带超长（超重）的物品进站。"

如遇到态度强硬、固执的乘客，要让乘客了解这种情况不能乘车。如果乘客认为东西太重不愿意出站，可以寻求其他同事帮助，劝导乘客换乘其他类型的车辆出行。如果乘客坚持搭乘，必要时可求助警方来协调处理。

(二) 发现乘客包内有违禁品

检查时如果发现异常，安检员须引领乘客带好包到另外的场地详细检查。避免当众检查。要减少因当众查出违禁品而给乘客带来的难堪。

在检查过程中，安检员要耐心解释地铁站的相关规定，详细指出乘客包内所属的违禁品。如果遇到态度强硬、固执的乘客，可以寻求其他工作人员、当班领导或警察的协助。

（三）出现客流高峰

在客流高峰，客运服务员要委婉提醒乘客，加快速度通过安检门。要及时提醒后一位旅客做好准备。要避免出现拥挤、混乱的现象（图3-3-4）。

乘客较多时采用手持检测仪进行检查，要在加快安检速度的同时，保证安检质量，同时还要避免人群的拥堵（图3-3-5）。

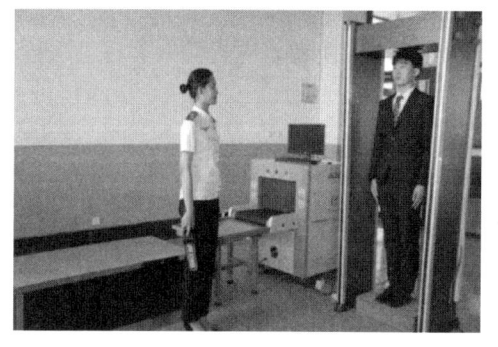
图3-3-4　安检门

图3-3-5　人工检测

知识链接

北京地铁违禁品规定

乘客在乘坐地铁时，要严禁携带以下物品。

1. 第一类是枪支、军用或警用械具类（含主要零部件）

（1）公务用枪和民用枪。如：手枪、步枪、气枪、猎枪、麻醉注射枪等。

（2）其他枪支。如：样品枪、道具枪、打火机枪、仿真枪等。

（3）军械、警械、警棍国家禁止的枪支、械具。如：钢柱枪、催泪枪等及上述物品的仿制品。

2. 第二类是爆炸物品类

主要包括以下几种：

（1）弹药。如：包括各类炮弹和子弹等。

（2）爆破器材。如：炸药、雷管、手雷、导爆索、打火机等。

（3）烟花制品。如：礼花弹、烟花、爆竹等。

3. 第三类是管制刀具

主要包括匕首、三棱刀（包括机械加工用的三棱刮刀）、带有自锁装置的弹簧刀等。

4. 第四类是易燃易爆品

如：汽油、柴油、松香油、油纸、过氧化氢等，也包括2千克以上的白酒、氢气球。

5. 第五类是毒害品

主要包括氰化物、汞（水银）、剧毒农药等有毒化学品以及硒粉、生漆等。

6. 第六类是腐蚀性物品

主要包括盐酸、氢氧化钠、氢氧化钾及硫酸、硝酸、蓄电池等。

7. 第七类是放射性物品

主要指放射性同位素等物品。

8. 第八类是国家法律、法规规定等其他禁止乘客携带的物品

具体如下：

（1）禁止携带超长（1.7米以上）、笨重物品（如自行车、洗衣机、电视机、台式电脑显示器、电冰箱、组合音响等物品）乘车。

（2）禁止携带动物以及妨碍公共卫生、车辆通行和危害乘客安全（如玻璃及易碎玻璃制品）等物品乘车。

以上违禁品，需要安检员认真检测，严格把关。

三、监票服务

（一）监票服务的基本流程

监票服务的基本流程

程序	内容
一听看	听闸机（自动检票机）提示音是否正常，看显示灯是否正常； 如设备提示音或显示灯显示不正确，应耐心向乘客解释。如："对不起，请您再刷一次。"
二提示	提示乘客正确刷卡，顺序进出站
三引导	引导刷卡成功的乘客迅速进站乘车； 引导票卡异常的乘客去客服中心（售票亭）办理

（二）监票服务常见问题处理

1. 乘客初次使用车票

（1）客运服务员要耐心指导乘客完成刷卡进站。如："请您在×××区域刷卡，单程票卡出站时需要收回，请妥善保管，谢谢您的合作。"

（2）必要时要协助乘客学会使用票卡，不要影响其他乘客进出闸机。

2. 乘客携带大件行李乘车

作为客运服务员，要做到礼貌与乘客沟通，积极引导携带大件行李的乘客从宽闸机进站。要根据乘客情况，建议乘客使用直梯。如："您好，为了减轻您的负担，请使用直梯，谢谢您的配合。"

3. 发现成人或身高超过1.3米的儿童逃票或违规使用车票进站

（1）发现异常情况客运服务员应立即上前制止，并要求乘客到售票处买票。如："对不起，您的孩子身高超过了1.3米，请您购买全票，谢谢您的配合！"

（2）对发现的违规使用车票的乘客，可依法按相应的制度和程序执行。必要时可以寻求驻站公安民警配合处理。

4. 发现乘客刷卡正确，却显示无效刷卡提示

（1）要先了解情况，礼貌地向乘客询问是否已经刷过卡。

（2）了解情况后仍不能解决的，则需要立即安抚乘客。如："您别着急，我帮您查询一下。"

（3）引导乘客到客服中心或补票处进行查询，礼貌地指示乘客的目标方向。

（4）如果情况许可，最好能陪同乘客前往解决问题，以免乘客重复提出问题和需要。

（5）服务中注意使用文明用语。如："请跟我来""请这边走""谢谢您的配合"等。

5. 乘客出站卡票

（1）要先安抚乘客。如："对不起，我们马上为您解决。"

（2）查看闸机的状态，发现确实卡票，则按照相应的规定办理。

（3）找到卡票后，要向乘客询问该票的信息，确认是该乘客的卡后，要及时做好相应的解释和道歉工作。

（4）若车站计算机没有报警，打开闸机也没有找到车票，就需再次提醒乘客是否正常刷卡。必要时需要上报当班主管领导或驻站警察，协助调看相应的监控设施，妥善处理好相关事务。

小贴士一

地铁工作人员可以拒绝下列乘客进站：

（1）拒不接受安检的乘客；

（2）携带违禁物品的乘客；

（3）乞讨人员、小摊贩等。

小贴士二

如果家长带儿童（幼儿）进站，应礼貌地提醒乘客按照"儿童在前，成人在后"的原则刷卡通过闸机，也可以建议乘客抱起孩子进出闸机。

小贴士三

乘客携带超大气球或宠物时工作人员应及时制止，并向乘客解释。如："对不起，为了您和他人的安全，请不要携带气球（宠物）进站，谢谢合作。"

模块二　情景训练

实训目标：能够根据客运服务工作情境进行乘客安检服务。

实训准备：分为服务组及乘客组两大组，设定好工作情境。

实训情境：

【情境一】一位乘客将宠物狗藏在随身携带的包内，安检时被查出，与工作人员发生争执，你该如何处理呢？

【情境二】工作人员在安检过程中，发现一乘客行李内有多支玩具仿真枪，要求乘客拿出，乘客拒绝，你该如何处理？

实训活动要求：各组员认真投入，进入角色，服务用语准确。

考核评价表

评价内容	A	B	C	D	改进建议	合计类别
场景设计合理、可行性强						
语言交流通畅与场景吻合						
模拟展示和谐、符合礼仪规范						
事件处理圆满、符合岗位要求						
小组团结一心合作能力强						

评价分数：每项20分，满分100分。90~100分为优秀A，80~90分为合格B，70~80分为基本合格C，70以下为不合格D。

任务四　进出站服务

模块一　基本要求与职责

任务书

结合案例，以小组为单位分析案例中客运服务工作人员应该如何处理得更好，并总结进出站服务有哪些基本要求。

案例

粗心的客运服务员

2015年1月，有两位乘客持同一张公交一卡通进站。其中一位乘客刷卡进站后，把一卡通给了同行的人。另外一名乘客无法刷卡进站，因客流量较多，该站进出站工作人员没有问清原因，直接带着乘客去乘客票务窗口对一卡通进行了进站更新。另外一名乘客虽然顺利进站，但出站时被客运服务人员发现，并被要求补票。乘客很不满意，认为已经刷过两次并扣完钱了，坚持不肯补票，结果发生了争执。

乘客进出站服务，对客运服务员的基本要求和职责是主动热情服务乘客，保证乘客的顺利安全出行。主要包括：

(1) 严格执行本企业有关规章制度和上级命令。
(2) 热爱本职工作，坚守工作岗位，按规定着装，佩戴标志。
(3) 严格按闸机（AFC）操作规程使用设备，正确引导乘客使用各种票卡进、出车站。严禁无票、无证者进出车站，确保通道畅通无阻。
(4) 衣冠不整者不得进站乘车。酗酒者、1.3米以下儿童、精神病患者、突发病人、智障人士、行动不便者乘车时需由有监护能力的健康成年人陪同，无人陪同人不得进站乘车。
(5) 当乘客的票卡无法正常进出站时，服务人员要及时处理，引导乘客去票务中心解决。
(6) 严格掌握车站发车班次、途经站点、票价及军优残抚、儿童票价的政策。
(7) 做好相应工作区域的公共卫生，确保工作环境的干净、整洁。

模块二　特殊事件处理

【事件一】　第一次使用车票进闸的乘客

对于第一次使用车票进闸的乘客，特别是老年乘客，耐心告诉乘客："请按图示将车票放置在读卡区，拿好车票，妥善保管好车票。"

【事件二】　携带大件行李的乘客

对携带大件行李不便进闸的乘客，可以让乘客先刷卡，然后打开特殊通道门进站，并告诉乘客保管好车票。

【事件三】 出现超高儿童逃票、成人逃票、违规票时

发现无票的超高儿童或故意逃票的成年人,应立即上前制止,并要求重新到票务处买票。如:"对不起,您孩子超过了1.3米(您好,孩子应该买票),请配合我们的工作,并及时购票。"

【事件四】 发现乘客卡票

乘客出闸时,发现确实卡票,工作人员找到车票后,向乘客询问有关车票的信息,验证车票信息,并做好解释工作。

【事件五】 乘客手持车票无法出闸

正确的处理方式是协助乘客查验卡票,根据情况及时向乘客做好解释工作。如:"对不起,您的车票已超乘,按规定补交超乘车费××元。""对不起,您的车票有问题,我现在立即为您办理,请稍等,谢谢合作。"

模块三　情景训练

实训目标:能够根据客运服务工作情境进行乘客进出站服务。

实训准备:分为服务组及乘客组两大组,设定好工作情境。

实训情境:

【情境一】一名乘客在出站时,票卡出现问题,无法正常出站,该如何处理呢?

【情境二】两名乘客准备使用一张票卡进行逃票进站,你发现后该如何处理呢?

实训活动要求:各组员认真投入,进入角色,服务用语要准确。

考核评价表

评价内容	A	B	C	D	改进建议	合计类别
场景设计合理、可行性强						
语言交流通畅与场景吻合						
模拟展示和谐、符合礼仪规范						
事件处理圆满、符合岗位要求						
小组团结一心、合作能力强						

评价分数:每项20分,满分100分。90~100分为优秀A,80~90分为合格B,70~80分为基本合格C,70以下为不合格D。

任务五　站台服务

站台是车站的重要组成部分。在早晚高峰时,站台上来往乘客较多,稍有疏忽,就有可能发生安全事故,尤其是在乘客上、下车容易混乱时,工作人员和乘客之间也容易发生纠纷。因此,站台服务需要将安全理念和服务技巧相结合。站台服务主要包括:乘客候车服务、乘客安全服务、重点乘客服务、乘客广播服务、乘客秩序维护等(图3-5-1)。

项目三　客运服务岗位常用服务礼仪

图 3-5-1　站台服务

模块一　基本要求与职责

任务书

结合案例，请以小组为单位，分析案例中客运服务工作人员应该如何处理？总结站台服务员的基本要求。

案例

西安地铁保安辱骂乘客事件

2021 年 5 月 19 日 38 分，在地铁三号线北池头道小寨路段，一位乘客被保安辱骂。

当时地铁人很多，一乘客还有一站就要下车了，由于本站上车的只有两三人，乘客小幅度挪动了一下，该乘客没有往车厢里挪动。这时靠近门边的保安大吼起来，乘客生气地反驳保安，结果保安反过来继续进行恶语辱骂。

这件事，也给地铁管理部门上了深刻的一课。严格把控员工录用关，提升站务服务人员的整体素质，培养员工服务意识。这也是每位站务服务人员的基本要求。

轨道交通运营，是运营城市日常交通运输的主动脉。为更好地服务乘客，运营企业对站台工作人员的职责有着明确的要求（图 3-5-2）。

图 3-5-2　站台服务

（1）热爱本职工作，认真钻研业务，熟练掌握所在岗位职责和服务操作流程，树立文明窗口服务形象。

（2）坚守工作岗位，按照规定着装、佩戴好标志牌。做到仪表整洁，举止端庄，讲话文雅，文明服务。要想乘客之所想，帮乘客之所需。对老、幼、病、残、孕及携带物品较多的乘客应主动给予帮助。

（3）严格执行本企业有关规章制度和上级命令。

（4）列车进站前做好宣传及疏导工作，组织乘客在黄色安全线以外候车，保持良好的候车、乘车秩序。要加强巡视，严禁乘客跳下站台，防止物品越过界限。遇有特殊情况应及时采取有效措施，确保运营安全。

（5）工作时间不得闲谈、吃东西。严禁当班饮酒或带酒气上班。不能做与工作无关的事情，不得代人存放物品。非工作需要不得在工作场所奔跑。

（6）接送列车时，按标准要求进行作业，严密观察乘客动态。严禁携带易燃易爆等危险品上车。发现异常或可疑情况要妥善处理并立即报告。

（7）如遇特殊情况需清车时，应进入车厢协助司机清车，并做好宣传、解释工作。

（8）不得有用手指、头部或物品指点乘客等不礼貌行为。

（9）禁止乘客吸烟、吐痰、乱扔杂物，保持站台清洁。乘务员在地铁站台为乘客服务要规范。

模块二　问讯引导服务

乘客在候车时，常常会有找不到出口或站点的问题。有时即使到了站台，站在指示牌前，也会焦急地问站务员："请问到××坐哪个方向的车？"或"请问到××从哪个出口出站？"作为站务员，一定不能表现出不耐烦的情绪。应该耐心细致地解答（图3-5-3）。

图3-5-3　问讯服务

工作时，问讯处站务员要随时为乘客解答疑问，解决遇到的问题，及时做好引导服务工作，工作中应注意的礼仪规范如下：

(1) 礼貌称呼乘客，热情接待每一位乘客。

(2) 使用敬语，语言文明礼貌。如："您可以往前直走 50 米右拐就可以。"

(3) 引导指示手势规范得体。

乘务员的引导手势是手掌打开，指示乘客问询的方向。五指要自然并拢，掌心向外，小臂稍向前伸，指向乘客要去的方向，不可伸出一个手指指点他人（图 3-5-4）。

(4) 乘客表示感谢时应礼貌回应，如"不客气"或"这是我们应该做的"。

(5) 对于无法给出确切答案的问题，应礼貌向乘客解释说明，严禁直接回绝乘客或给乘客误导性信息。

图 3-5-4　问讯指示

练一练

在站务人员的日常工作中，客运服务人员需要用手势为乘客指示方向或介绍说明情况时，引导指示手势应礼貌、规范。

(1) 手臂抬起下落要自然大方，五指并拢，角度适宜。一般与水平面呈 45°。

(2) 手势高度适宜，手臂根据需要灵活调整弯曲幅度。如近距离引领指示手势（图 3-5-5）、指示物品手势（图 3-5-6）。需要远距离指示时可将手臂伸直，一般高度不低于自己的胸部，不高于自己的头部（图 3-5-7）。

图 3-5-5　引领手势

图 3-5-6　指示手势（一）

图 3-5-7　指示手势（二）

(3) 指示方向时，要眼随手动，明确告知乘客正确的方向。

(4) 手臂张开速度、力度要适宜。不宜过快或过慢，力度不宜过大或过小。忌用五指张开或单指指示手势。

(5) 乘客明确方位离开后，站务员可以将手臂收回。

模块三　乘客广播服务

在轨道交通运营服务中，一旦遇到特殊情况或紧急事件时，站务员要正确及时地进行站台广播。站台广播主要是语音广播和人工广播。

一、语音广播

站务员使用语音广播时，要注意广播词要清晰准确，音量大小要适宜，不宜过大，也不宜过小。广播要适时循环重复，要讲究播放的音质和音效。

二、人工广播

人工广播一般在应急或特殊情况下采用。使用时应注意以下事项（图3-5-8）：

（1）先提醒乘客注意，如"各位乘客请注意……"；
（2）用简洁的语言告知乘客发生的具体事件；
（3）对给乘客带来的不便表示歉意；
（4）对乘客的配合表示感谢；
（5）语速适中，口齿清楚，语调清晰。

图3-5-8　人工广播

想一想

当你从闭路电视看到有小朋友在站台上追逐打闹，你应该如何广播？

模块四　特殊事件处理

在城市轨道交通运营服务中，绝大多数乘客能够遵守站台运营服务要求，配合工作人员顺利进站、乘车、出站。对工作中遇到的特殊事件，工作人员应灵活准确地应对处理，树立良好的站台服务形象。常见的特殊事件有以下内容：

【事件一】　乘客站在黄色安全线边缘或蹲在站台候车

处理方式

（1）通过车站广播不断向乘客宣传，强调指出："为了您的安全，请不要越过黄色安全线。"

（2）工作中，站台工作人员要加强巡视，发现有乘客越出黄色安全线或蹲姿候车应立即提醒制止。

（3）发现身体不适，或年龄较大的乘客，可指引他们到候车座椅上休息。

【事件二】 乘客候车时吸烟

处理方式

（1）发现有乘客吸烟，站务员应立即加以制止。

（2）礼貌地向乘客解释："对不起，为了您健康和大家的安全，站台内请勿吸烟。谢谢配合。"

【事件三】 有儿童在站台追逐打闹

处理方式

（1）工作人员特别提醒家长带好自己的孩子，不要让孩子随意在站台上奔跑，如："列车即将进站，请带好您的孩子""请勿让儿童在站台上跑动。"

（2）及时上前制止正在追逐打闹的小朋友，利用车站广播强调，如："请带孩子的乘客带好孩子，不要在站台追逐、打闹和奔跑。"

【事件四】 发现有老人、精神异常等特殊乘客候车

处理方式

（1）发现有老人、儿童候车，工作人员应重点留意，指引他们到座椅上坐着等候。

（2）对有精神异常的乘客应立即通知站长，重点留意他们的动态，加强站台秩序维持。

（3）发现有身体不适的乘客，应上前询问是否需要帮助。根据情况灵活指引他们到座椅上休息。若乘客感到很不适，应立即通知站长。在征得乘客同意后及时协调医护人员救助。

【事件五】 乘客有物品掉下轨道

处理方式

（1）工作人员应立即提醒并安抚乘客。如："请勿私自跳下轨道，我们的工作人员将会尽快帮您取回物品。谢谢合作。"

（2）工作人员利用对讲机与综控室取得联系，同时要确保乘客不能有跳下轨道的行为。

【事件六】 列车晚点延误乘客时间

处理方式

（1）列车晚点10分钟以上时，作为工作人员应通过车站广播告知乘客，做好面向乘客的解释工作。

（2）要及时向乘客耐心解释有关退票事项，为乘客提供全面服务，力求做到让乘客满意。

【事件七】 车门夹人

处理方式

（1）工作人员要以最快速度通知相关人员，协调车次的暂缓发车时间。

（2）尽早救助乘客。如果乘客未被夹伤要求有个说法时，要耐心认真听取乘客叙述事情的经过，而后进行协调处理。如果因为乘客抢上抢下被夹，要及时向乘客说明有关

注意事项,希望乘客今后乘坐地铁提前做好上、下车准备,避免再次出现此类情况。确实因为地铁原因造成乘客被夹,应向其表示歉意。

(3) 乘客被夹伤,首先要安抚被夹伤乘客,需要去医院就医时,应立即协调站长共同解决。

【事件八】 乘客在车站逗留

处理方式

(1) 工作人员要随时注意下车乘客的动态。

(2) 若发现有逗留在站台不出站的乘客,应主动上前询问情况,礼貌地告知乘客不要逗留在车站,尽快出站。

(3) 对有异常的乘客要及时沟通协调,确保乘客的安全出行。

模块五 情景训练

实训目标:能够根据客运服务情境进行乘客站台服务。

实训准备:分为服务组及乘客组两大组,设定好工作情境。

实训情境:

【情境一】一天,一位乘客下车后,向站台上正在从事维修工作的人员反映车厢内有乞讨者,而工作人员却冷漠地说:"我们又没有办法,这不归我管。"维修员的说法引起了乘客不满。

如果你是工作人员,你会如何处理呢?

【情境二】2021年10月北京有乘客投诉:4号线一大早冷气开得过大。如果是为了避免站内乘客过多,相应的管理部门应合力安排运力。天冷了,车内冷风吹得厉害,实在受不了。不理解为什么要这样做。

相应的管理部门北京某地铁运营公司领导回复:经核实,地铁已经在第一时间安排工作人员,对投入运营的列车空调系统进行统一检查,空调系统及通风状态正常。运营公司将持续监控车厢温度及列车空调工作状态,关注乘客感受及反馈,为乘客提供安全舒适的乘车体验。感谢对公司运营服务工作的关注。

实训活动要求:各组员按照情境需要,选择相应的角色,运用相应的服务用语认真排练,分别展示。

考核评价表

评价内容	A	B	C	D	改进建议	合计类别
场景设计合理、可行性强						
语言交流通畅与场景吻合						
模拟展示和谐、符合礼仪规范						
事件处理圆满、符合岗位要求						
小组团结一心、合作能力强						

评价分数:每项20分,满分100分。90~100分为优秀A,80~90分为合格B,70~80分为基本合格C,70以下为不合格D。

任务六　乘客投诉服务

随着人们生活水平的日益提高，广大消费者也越来越注重自己的权益。大多数人的观念是多一事不如少一事，而当个人权益受到侵害的时候，越来越多的乘客为维护自己的权益，会义无反顾地选择投诉。当乘客乘坐轨道交通出行时，他们会对出行和企业的服务抱有美好的愿望和较高的期望值。可如果这些要求和愿望得不到满足，他们的心理会失去自然的平衡。由此而产生的"讨个说法"行为，投诉是客运服务中经常遇到的情况。对于乘客投诉的问题，服务人员要认真对待，学会及时调控自己的情绪和心态，及时解决乘客的不满意问题。提高乘客的满意度，提升运营企业的社会美誉度。

模块一　乘客投诉分类及原因

乘客投诉的原因很多，有些乘客投诉属正常权益保护，可视为有效投诉；有些投诉属乘客个人原因，应视为无效投诉。因此，在接到乘客投诉时相关人员都应认真对待，妥善处理。

一、乘客投诉分类

（一）按照投诉内容分类

按照投诉内容分，乘客的投诉可以分为因服务态度引起的投诉、对车站硬件设施的投诉、因票务方面引起的投诉、因故影响地铁正常运营引起的投诉。

（二）按照投诉的表达方式分类

乘客感到不满意后的反应不外乎两种：一是说出来；二是不说。曾有人做过这样的调查：在所有不满意的乘客中，有69%的乘客从不提出投诉，有26%的乘客向身边的服务人员口头抱怨过，而只有5%的乘客会向投诉管理部门（如客服中心）正式投诉。其中，正式投诉根据乘客表达方式的不同可以分为以下四种。

1. 现场当面口头投诉

部分乘客倾向于现场当面投诉，认为这样可以发泄心中的怒气和把问题说得更清楚。现场投诉给了车站最好的扭转局面的机会，因为乘客就在眼前，只要采用了正确的应对方式，乘客就会满意而去。在处理现场投诉时客运服务管理人员要注意将乘客请到远离人群的地方，以免影响到其他乘客的情绪。注意不能中途不告而别，让乘客长时间等候。按照公司规定处理乘客的投诉，不能立即解决的应该给出处理期限的。客运服务人员应谨慎使用各种应对语，避免再次激怒乘客。

2. 书面投诉

主要包括意见箱、信件、网上电子邮件等。有些乘客常会选择信函投诉的方式。由于写信是一个需较长时间才能完成的事情，经过深思的方式真实地反映整个事件，乘客遗漏的往往是自认为不重要的地方，或者过分强调自己的感受。在收到乘客投诉信时，主管领导应立即反馈给相关负责人员，确保在第一时间完成处理。同时要积极联络乘客，明确已经收到信函，表达企业诚恳的态度和解决问题的意愿。同时还要尽快给出解决方案，并认真落实到位，及时告知乘客。

3. 电话投诉

这种方式是最快捷的信息反馈方式。一般包括热线电话、投诉电话等。乘客大多会直接拨打公司的服务热线或其他投诉热线，表达自己的愤怒。由于双方的连接只靠一条电话线，看不清彼此的表情、动作。因此，很容易给投诉处理制造障碍。针对电话投诉，工作人员要做的是从电话中确切了解事件的基本信息；利用规范的声音及语气体现对乘客不满情绪的宽慰；要养成把电话内容录音、记录存档的习惯，特别是涉及特殊纠纷的投诉事件，存档的录音可以作为一种凭证，同时要注意在值班记录上做好简要记录，并及时反馈给相应部门，及时协调处理好，不要留有后患。

4. 网络投诉

在网络信息化时代，很多人喜欢在网上发帖来表达自己的情感和意愿。网络投诉是最难处理的一种投诉方式。有的乘客遇到不满意的问题时会直接在网络上发布信息来表示不满。一旦经手人员或运营公司处理不及时都容易引起网络舆情，对运营企业会造成极坏的影响。这是每一位运营企业员工应重点关注的问题。

按照投诉的性质，网络投诉可以分为有责投诉和无责投诉。

（1）有责投诉是指因工作人员工作失误、违规操作、设备设施保障不力等原因而引起的投诉。

（2）无责投诉包括两种情况：一是由于自然灾害等不可抗力因素导致服务失误而引起的投诉；二是因为乘客自身原因而引起的投诉。对于前者，运输企业应该加大应急事件的处理力度，尤其是应对网络舆情的快速反应、快速应对处理能力；对于后者，运输企业应该加强对乘客的广泛宣传。

二、乘客投诉的原因

乘客感到不满的原因有很多，有时他们的愤怒是有道理的；而有时候，他们投诉可能是没有道理的。无论有没有道理，工作人员都要牢记："乘客投诉都是有缘由的。"要想消除他们的不满，就必须找到引起他们不满的原因。一般来说，乘客不满的原因有以下两个方面。

（一）乘客自身的原因

主要包括乘客对服务的期望值过高，乘客的要求服务人员无法满足；乘客不了解或不知道企业规定；乘客本身强词夺理等。

（二）企业服务的原因

主要包括设备设施故障影响出行、工作人员业务能力不过关、不规范作业、工作人员的工作效率太低、说话态度不好、不作为，或是工作人员没有足够的能力来解决乘客的问题，或者是因工作人员的疏忽使乘客的利益受损失等问题。

三、投诉处理不当或不予处理将会产生的影响

1. 导致问题恶化

有时乘客的投诉仅仅是希望获得我们的理解,作为服务人员要先做到认真倾听,并站在对方的角度来考虑问题,避免扩大事态。

2. 降低企业收益

作为城市轨道交通服务行业,每天可能会遇到各种问题。如果工作人员不能尽快处理、及时予以回复,势必会影响企业的经济效益,大大降低企业的社会美誉度,影响企业的收益。

3. 影响社会形象

作为城市轨道交通运营服务企业,要讲求自身的社会服务形象。曾有人做过统计,一个人会把自己的糟糕经历告诉10~20个人。而面对当今网络信息数字化时代,如果把不满意放在微信群或朋友圈将会导致无数的人对一个不满意的扩散,一旦涉及到舆情问题,它的社会影响会更加恶劣。

目前,作为运营企业都格外注重员工服务形象的提升,严格企业管理制度及工作人员的操作要求,全面提升工作人员的整体职业素养,一旦有投诉要在第一时间做出积极的处理和反馈,以增强企业的公信力。

模块二 乘客投诉处理原则与步骤

服务行业无法避免消费者的抱怨和投诉,即使是最优秀的服务企业,也难免不发生失误或引起投诉。作为城市轨道交通的客运服务部门,需要对投诉有一个清醒的认识,把投诉变为改进服务工作的动力,更好更快地处理投诉,有效改进企业运营服务质量的提高。

作为客运工作人员应具备预防和处理投诉的两大能力:平时工作宽容大度、与人为善寻求最佳的处理时机,避免投诉事件的发生。处理问题时注意方式方法,采用"易人、易地、易性"的方式处理,耐心地做好乘客的解释工作。"易人处理"是指必要时,交给其他工作人员协助处理。"易地处理"是将乘客请到房间内或僻静处处置,给乘客留足面子。"易性处理"是指原则性和灵活性有机结合。

一、乘客投诉处理的原则

(一)安全第一乘客至上原则

坚持这一原则,就是指在保证地铁安全的前提下,客运服务人员应最大限度地满足乘客的合理需求,向乘客提供优质高效的服务。

当接到乘客投诉时,客运工作人员首先要站在乘客的立场上考虑问题。同时还要相信,乘客的投诉总是有他的理由。树立遇到问题先反思自身工作的思想观念。用平和的心态处理乘客的抱怨和投诉,对乘客的投诉行为给予感谢。

案例分析

带"电脑显示器"的乘客

2015年1月,两名成年人拎着两个大纸盒走进了地铁站。经工作人员询问后,乘客说"纸盒内装着的是电脑显示器",工作人员礼貌地提醒说:"先生您好,为了您和他人的安全,按照规定您不能进站。"乘客不理解,不满地说:"为什么不可以,我新买的显示器能有什么危险?"该乘客认为客运工作人员故意为难他,当即就发生了争执。

为了避免和乘客发生冲突加剧,另一位工作人员过来打圆场说:"可以啊,反正是新买的,不会出现问题先让乘客进站吧。"而另一位工作人员则坚持认为不能让该乘客进站。不能违反制度规定。

请问:您赞同哪一位客运服务人员的做法?为什么?

事件分析:

乘客不清楚坐地铁的相关规定,认为新显示器没有任何危险是这次争执发生的主要原因。客运工作人员在工作中应明确工作中的制度规定,掌握执行的原则。

(1) 轨道运营企业的规章制度是不能违反的。客运服务人员都要时刻记住"安全第一、乘客至上"的原则。

(2) 态度强硬、固执的乘客是有的,作为客运服务人员还是应该耐心地解释地铁制度的相关规定。

(3) 要让乘客了解,企业运营制度的规定。建议乘客选用其他交通形式。如果乘客需要帮助,必要时请其他工作人员协助。如果已经购票,可协助乘客办理好退票手续。

客运服务人员在服务中,可以从乘客的角度去考虑,了解乘客的需求。但在执行原则上还是要以企业的规定为先,以公众的安全为上。

(二) 及时公正、不推卸责任原则

许多客运服务人员面对乘客投诉的第一反应是:"是我的责任吗?""如果乘客向上级投诉,我应该怎么解释?"他们也常常会说:"如果是我的问题,我一定帮您解决。"这种行为,看似十分礼貌,却是一个十分糟糕的开头。客运服务人员必须清楚地认识到,乘客既然选择投诉就压根没有想到是自己的错,而是想得到些心理安慰,让别人重视他的投诉。

面对乘客的投诉和不满情绪,客运服务人员首先要反思自己的不足,适时向乘客道歉,拉近与乘客的距离,坚持及时公正、不推卸责任原则,更好地处理乘客的投诉。

想一想

丢失的车票

2016年1月,一位乘客手持50元人民币到某车站购票乘车,由于列车将要进站,乘客急急忙忙拿了找零的钱就往站台走,到了进站口才发现自己的车票没了。乘客始终认为是自己刚才慌乱中忘记拿票卡了。他随即返回售票处向售票员反映,而售票员认为不拿车票是乘客自己的失误,因此认定是乘客自己把车票丢失了,不予理睬。随后乘客便与工作人员发生争执。

讨论：

上述事件中售票员有哪些地方处理不当？应如何处理乘客投诉，改善与乘客关系，减少乘客的投诉概率？

（三）先处理感情后处理事情原则

美国有一家汽车修理厂，他们有一条服务宗旨很有特点，称为"先修理人，后修理车"。为什么叫"先修理人，后修理车"呢？应当说，一个人的车坏了，他的心情会非常糟糕。作为维修工人应该先关注客人的心情，然后再关注汽车的维修。对于城市轨道交通运营企业来说也是如此，每位投诉的乘客，心情都会郁闷烦躁。在处理时，客运服务人员同样也需要先关注乘客的心情，要跟乘客有一种同理心。先努力平息乘客的怒气，安抚乘客的情绪，然后尽全力帮助乘客解决问题。

案例分析

一次失败的投诉处理

2016年3月，某车站的客服中心前排起了长队，因为有一位乘客丢失贵重物品请求工作人员的帮助。工作人员好不容易办好该项业务，马上就要给排队的乘客办理票务处理了。这时，另一名工作人员带领一位乘客过来了。原因是该位乘客的票不能出站，工作人员随即给这位乘客办理好了票卡。而此时正在排队的乘客不满意了。"你们怎么做服务的？""你们单位职工优先吗？""为啥优先给插队的办理？"听到大家的质问，工作人员急忙解释说："按照公司规定，我们需要先给不能出站的乘客服务。"可是，已经烦躁的乘客根本就不听解释，依旧生气地说："让你们领导过来！我要投诉！"恰好值班站长经过，听了售票员的解释以后，对乘客说："她没有做错，公司确实是这样规定的。"结果乘客更不买账了……

事件分析：

（1）工作人员在给乘客提供服务时没有顾及其他乘客的心态，导致乘客产生不满情绪。

（2）当乘客抱怨自己的不满时，售票员没有第一时间宽慰乘客，只是为自己的行为辩解，乘客的不满没有得到及时安抚。

（3）值班站长到场时，没有耐心倾听便急着向乘客解释售票员没有做错，忽视了乘客的情绪感受。

（4）值班站长漠视乘客的抱怨，没有从投诉乘客的角度出发来表达意愿，没有耐心倾听投诉是导致乘客最后投诉的主要原因。

服务技巧：

（1）售票员在为丢失物品的乘客服务时，因花费时间较多，应及时联系车站综控室，同时要及时请求其他工作人员协助。

（2）窗口服务人员要善于做到"接一、顾二、答三"。当发现乘客有不满意的情绪时，应第一时间给予说明。必要时寻求其他同事协助办理。面对乘客的不满情绪绝不是向乘客解释，推脱自己的责任。

(3) 值班站长应及时表示歉意，向乘客委婉地解释，而不是直接肯定服务人员的做法。

(4) 服务人员跟乘客要有同理心，工作中提高工作效率和工作速度，减少乘客不满意事件的发生。

（四）包容乘客原则

包容乘客就是指客运服务人员对乘客的一些错误行为应给予宽容的理解。包容乘客的核心是善意的理解。当发现乘客的某些行为违反规定时，只要给予乘客善意的提醒即可。所谓的"看破不说破"。要懂得体谅乘客，避免出现让乘客尴尬的局面。虽然乘客的投诉并不都是对的，但那种得理不让人的解决方法，势必会造成双方的紧张关系。只要不违背制度原则，服务人员要善于把对的让给乘客。即"得理也需饶人"。

案例分析

随手丢掉的垃圾

一天，一位妈妈带着孩子在站台上候车。孩子刚喝完饮料，妈妈随手将饮料瓶扔到了地上。给孩子擦完嘴之后，又随手将纸巾扔到了地上。这时，客运服务人员忙上前制止，要求她把饮料瓶和纸巾放回垃圾桶里，并嘀咕了一句："真没素质，孩子还在身边呢，以后怎么教育孩子？"没成想，这位乘客不乐意了，于是家长就和客运服务人员争吵了起来……

事件分析：

(1) 客运服务人员提醒乘客乱扔垃圾的行为是可行的。但多说的一句话加剧了乘客的愤怒。

(2) 客运服务人员在制止乘客时带有主观情绪，对乘客犯错误进行直接指责，而且态度不友好，让乘客觉得很难堪。

服务技巧：

(1) 在发现乘客有不文明行为时，提示、提醒的方式很多。如用行动来证明，亲自把饮料瓶和纸巾捡起来丢道垃圾桶里可以收到此时无声胜有声的效果。

(2) 服务人员要特别注意自己的服务态度、服务语言。在表情和语言上不能随意。要注意文明礼貌用语。

(3) 服务人员要用宽容的心对待乘客的错误，给乘客一个改正机会。坦然面对比冷嘲热讽更有风度。

二、处理乘客投诉的基本步骤

服务人员在处理乘客投诉时，要时刻维护运营企业的服务形象。一般可以遵循以下基本步骤。

(1) 投诉发生后，要在短时间内分析投诉的原因、界定明确的责任划分、表明处理态度、落实处理的最佳方案。

(2) 接受乘客投诉时，如有可能要及时澄清疑点。接受投诉时不能推诿，必要时应及时上报有关部门领导。

（3）站务员要认真记录乘客投诉内容的要点，如投诉人的姓名、性别、联系电话、地址及被投诉者姓名、部门、工号、投诉请求、事实与理由。要及时留存电话录音，以作为解决问题的依据。站长要及时让被投诉人写明事情经过，查明事实，找出根源，并上报区段业务主管部门。

（4）对乘客的投诉做到尽快答复尽早结案，要一跟到底，直到问题得到解决，及时回复乘客。对不能解决的投诉，应婉转向乘客讲清楚，并确定下次答复的时间。

（5）需要站长协调处理时，站长要及时将投诉处理结果回复乘客，并表示感谢，力求让乘客满意。如果员工有过错，则应向乘客道歉，取得乘客谅解。

（6）对一时处理不了的投诉，要将解决进度记录在车站交接本中，接班站长要及时跟进，并随时让乘客知道事情的进展，做好事后服务工作。

（7）投诉事件中，所有投诉的原始记录任何人不得涂改、撕毁、伪造，应由专人整理保存。对于原始记录缺失，由当班负责人及时解释去向及原因。

（8）站长应将处理情况反馈给区段业务部门，对被投诉的相关责任人进行处理，并及时组织员工进行交流、座谈，吸取教训，制定改进措施。处理乘客投诉后，应把投诉的事项、处理过程及结果清楚地记录在乘客意见受理表内，由乘客对处理意见签字后收回存档。

三、乘客投诉处理礼仪

（1）在受理乘客投诉时，要礼貌热情，耐心听取乘客意见，谨慎用词，避免感情用事；要控制说话的速度，反应要快，争取协调处理的时间。

（2）在受理乘客投诉时，即便是对乘客的投诉不满，也应用诚恳的态度向乘客解释。不要急于辩解和反驳，更不能与乘客发生争执；要耐心听乘客讲述，让乘客感觉到他的倾诉被重视。

（3）在受理乘客投诉时，要区别不同情况，在征得乘客同意后做出迅速而恰当的处理；不应相互敷衍、推卸责任，要善始善终地做好后续服务工作。

（4）对待乘客的投诉格局要大，要及时表示感谢。要感谢乘客选择本站务的服务，感谢乘客发现服务中的不足，感谢乘客的监督意见有效提高了本站服务的管理水平和服务质量。

模块三　情境训练

实训目标：能够根据客运服务工作情境进行乘客投诉服务。
实训准备：分为服务组及乘客组两大组，设定好工作情境。
实训情境：

【情境】

票卡充值风波

2014年9月，北京地铁某车站，一位乘客来到售票窗口要求为储值票充值，因为是客流高峰期（北京地铁规定客流高峰期不能提供充值服务）。售票员没有解释原因，就直接态度生硬地说:"不能充值。"该乘客要求售票员解释原因时,售票员不耐烦地用手指了指旁边的告示,接着就给下一位乘客售票。该乘客认为该售票员态度恶劣,于是和售票员发生了争执。而售票员坚持认为制度规定了客流高峰期本来就不能充值,觉得自己没有做错。但乘客不满意,投诉了该售票员。

如果你是领导,你该如何处理这件事呢?

考核评价表

评价项目	A	B	C	D	改进建议	合计类别
场景设计合理可行性强						
语言交流通畅与场景吻合						
模拟展示和谐符合礼仪规范						
事件处理圆满符合岗位要求						
小组团结一心合作能力强						

评价分数:每项20分,满分100分。90~100分为优秀A,80~90分为合格B,70~80分为基本合格C,70以下为不合格D。

模块四 客运服务与乘客投诉处理技巧

一、客运服务技巧

(一)积极的服务态度

客运服务员对乘客要始终以积极的态度来服务。具体要做到以下几点:

1. 精神饱满

客运服务人员为乘客提供的服务,虽然不像体力劳动那样会耗费大量的体力,但保持饱满的精神、充沛的精力更有利于增强诚恳的信任和支持。反之,则会大大降低在乘客心中的分量,影响到乘客对运营公司服务质量的评判。

2. 友善耐心

所有的乘客都希望能得到真诚友善的服务,期待服务人员有礼有节的服务,得到足够的尊重、礼貌和关心。作为服务人员,应做到真诚友善地对待每一位乘客,耐心处理好乘客需求的每一次帮助,提高乘客的满意度。尤其是性情直率的服务员,更要善于管控好自己的情绪,遇事三思而后行。

3. 主动热情

在站务工作中,服务人员要多关心乘客,把乘客的困难当成是自己的困难。要做好随时随地为乘客提供帮助的准备。主动热情、全心全意地为乘客服务。以赢得更高的乘客满意度,提升站务服务的整体形象。

(二)了解乘客需求

轨道交通服务人员要提高对自己服务工作的预见性,了解乘客的需求,把服务做在乘客开口之前,主动为乘客提供有的放矢的服务,真正把每一项服务工作做到乘客的心坎里。

1. 安全需求

安全是乘客所有需要的基础，保障乘客的安全也是做好服务工作的一个重要前提。客运服务人员要时刻留意乘客的动态，及时发现不安全因素，对乘客不安全的行为给予必要的提醒和劝阻，积极预防因各种原因造成的意外伤害。如摔伤、压伤、挤伤等事故。在劝阻过程中应充分照顾到乘客的情感需求，要热情、礼貌、耐心，而不是呵斥、埋怨、批评。

2. 快速乘车需求

乘客选择地铁作为出行工具，很大程度上取决于地铁快捷、准时、平稳的特性。如果乘客在进站、安检、购票、候车和出站过程中等待的时间过长，势必会影响乘客的出行计划，造成乘客不满。因此，作为服务人员，应不断提高自己的业务水平，加快作业速度，提高工作效率。尤其在客流高峰期，要充分理解乘客的心情，适时、适地用恰当、简练的语言提示乘客，平复乘客的心绪状态，积极引导乘客正确安全地出行。

3. 被重视需求

乘客是城市轨道交通的服务对象，是付款购买地铁服务的顾客，是庞大的消费群体。乘客的年龄、职业、社会道德素养各不相同。在乘车过程中，乘客难免遇到各种各样的问题，也避免不了会随时随地向工作人员寻求帮助和服务。服务人员工作中要多微笑、多体谅；要关注乘客的问题，耐心地为乘客提供帮助，给乘客被尊重、被重视的感觉；切忌有语言冷淡、没有微笑、对乘客爱理不理的行为。

4. 被尊重需求

城市轨道交通作为城市客运主体之一，为人们的出行提供了方便。在乘车过程中，难免会有乘客出现违规现象。对于违规乘客，服务人员在处理时要充分考虑到乘客的自尊心，耐心地向乘客解释，做到既尊重乘客，又能提醒到乘客避免因小失大，影响个人的出行信誉，注意绝不能出现语言上的讽刺、挖苦、甚至语气上的训斥、苛责。

（三）避免乘客纠纷

在城市轨道交通迅速发展的今天，服务人员要快速适应运营服务新形势的要求，提升服务水平，避免发生纠纷。工作中要注意以下工作方法：

1. 唱收唱付法

乘客购票时，为了让乘客了解自己的账目及费用情况，服务人员要严格执行唱收唱付的票务制度，排除不必要的争执，避免出现票款纠纷问题。

2. 微笑服务法

微笑是服务中的润滑剂，可以随时化解服务中的摩擦。服务人员要始终奉行微笑服务原则，增强服务效率，减少问题发生。

3. 和风细雨法

在遇到乘客抱怨时，服务人员决不能与乘客争辩理由。要主动查找自身不足，学会得理也要把对的让给乘客。做到礼让三先，妥善处理。

4. 快速处理法

客运服务人员要重视乘客的抱怨焦点。一旦获得乘客抱怨的信息点，就要思维迅速，行动快捷，积极协调，以最快速度化解矛盾焦点，做出反应，及时处理、解决乘客关注的焦点问题。

5. 换位思考法

乘客与客运服务人员矛盾的产生，往往是因为双方不理解、不理智、缺乏及时有效的信息沟通造成的。服务人员要多做换位思考，更好地了解乘客的需求，理解情绪感受，把服务做到乘客的心中。

6. 意见分析法

乘客的意见是改善服务的最大源泉。对乘客的意见服务人员要虚心接受，认真分析，积极提出改进意见，并及时落实到工作中。杜绝同一事件的二次发生。

7. 异人异地处理法

当乘客对某一位服务人员的服务心存不满、或者发生投诉事件时，当班同事或值班站长，可通过变更处理地点、更换处理人员的方法解决纠纷。要避免在众多人前处理；避免当事双方的情绪加剧；尤其是要杜绝现场情绪失控现象的发生。

（四）化解乘客矛盾

1. 处处为乘客着想

在客运服务过程中，任何时候服务人员都要及时维护乘客的面子，不要伤害乘客的自尊，不要同乘客争辩是非曲直。要宽容乘客的倾诉，争取最快、最好的办法化解矛盾，解决问题。

2. 不计较乘客态度

服务人员要时时始终保持谦恭有礼的服务态度，保持冷静的心绪、足够的耐心，运用语言艺术引导、说服乘客，使矛盾化解在萌芽状态。

3. 主动承担责任

遇到乘客不满时，服务人员要及时表示歉意，尽快平息乘客的心绪，缓和乘客的情绪，力求让乘客在短时间内静心接收服务人员的建设性意见或建议，这是服务人员应该培养的宽容胸怀。

知识链接

不同性格乘客的服务要求

不同类型的乘客对工作人员服务的要求各有不同，对服务标准的衡量尺度也各有差异。作为客运服务人员，只有准确判断乘客的性格类型，进一步把握他们的性格特点，采取适当有效的服务措施，就能更好地从乘客需求角度出发，换位思考，设身处地帮助乘客解决好遇到的每件事，服务接待好每一位乘客。

1. 温和型乘客

这种类型的乘客性格随和，比较容易理解别人，注重人和人之间的友好关系。面对这种乘客，客运服务人员更要以礼相待，以情感人，切不能因为对方的宽容而忽视了对乘客的服务，让服务缩水。

2. 独断型乘客

这种乘客十分自信，有很强的决断力，感情激烈，不容易接受和理解别人，不会轻易改变自己的看法和观点，并且会希望每个人都认同他的观点，满足他的要求。这种类型的乘客最不能容忍被怠慢或者不被尊重，他们不愿意听取别人的意见，是投诉最多的一类乘客。面对这类乘客,服务人员要保持镇定,服务前要先征求乘客意见,注意保持目光的交流,决不能出现怯场心绪。

3. 分析型乘客

这种乘客的特征是做事非常认真,要求客运服务人员每说一句话都要非常准确,不能有任何的含糊。通常分析型乘客说得少,听得多。动作缓慢,表情少。他们的文化素质一般较高,逻辑能力强,讲道理。不接受不公平待遇,但可以接受合理的解释。他们善于维护自己的权益,对服务不满时往往会说:"这不是理由……"跟这种类型乘客沟通,服务人员说话要有条理性、有逻辑性。如果遇到这种乘客提意见,客运服务人员要注意真诚对待,讲清事实,争取得到理解和支持。

4. 内向型乘客

这种类型的乘客生活比较封闭,对外界事物和陌生人保持相当的距离,对客运服务人员的态度、言行、举止都非常敏感。他们大多排斥客运服务人员的过分热情。这种乘客往往比较腼腆,因此,客运服务人员看他们的目光一定要和蔼,目光对视不宜过长,以免给乘客造成心理压力。

5. 自我型乘客

这种乘客是最挑剔的一类人群。他们以自我为中心,不会站在他人的立场考虑问题,也不允许自己的切身利益受到损害,有很强的报复心理,性格敏感。对待这类乘客,客运服务人员更要控制好自己的情绪,做到以礼相待,有礼有节。如果自己有做得不周到之处,一定要立即道歉。即使遇到对方言语十分尖锐,作为客运服务人员也要包容他们,绝不能与他们发生争执情况。否则,会引起更多的麻烦。

二、乘客投诉处理技巧

在处理投诉的过程中,会遇到不同性格的乘客。除了要好好把握乘客投诉处理的基本原则外,还需要掌握一定的处理技巧,只有这样才能更好地为乘客服务,提升城市轨道交通企业的服务质量。

(一)用心倾听

抱怨的乘客需要有忠实的听众。工作人员喋喋不休地解释只会让乘客感觉到服务人员在推卸责任,从而加剧乘客的坏心情。面对乘客的投诉,工作人员要学会掌握倾听的技巧,善于在倾听中掌握事情发生的细节,找出乘客投诉的真正原因及所期望的结果。要真正理解对方所说的意思,就要做到用心倾听。

在倾听时要注意以下几点:

1. 要有耐心

在乘客投诉的过程中,切忌轻易打断乘客,要仔细思考乘客提供的信息,要学会花80%的时间去听,给乘客80%的时间去讲。倾听过程中要保持冷静的心态,注意不要受其他事物的影响。

2. 学会回应

在倾听的过程中,服务人员要学会适时运用眼神、表情等非语言传播手段来回应乘客,表示自己始终在认真倾听;要尽可能用柔和的目光注视着对方,并通过点头等方式及时对乘客的谈话做出反应。

3. 用心服务

客运服务人员要能够站在乘客的角度考虑问题，将心比心，切实感受理解乘客的心情，用心处理好与乘客相关的每一项工作。这是服务人员做好工作的真正重要方法，也是对客服务中不可或缺的沟通技巧。

4. 不要挑剔

在对客服务时，服务人员尤其要注意不能用挑剔对方的心理和乘客交流，尤其是倾听时不要当场提出自己的批判性意见，更不要与对方争论。应尽量避免使用否定别人的回答或评论。应该学会用对方的立场上，委婉表达自己的异议或不同建议，努力理解对方所说的每一句话，如"我理解您的心情，我们会尽力完善我们的工作""感谢您为我们提的建议，我们尽可能调整我们的工作方式。"不能出现"这不可能""我不这样认为"等直接否定式语言。

用心服务"四要""三不要"

四要	三不要
1. 接待好乘客。乘客投诉到车站时，应先请乘客坐下并及时给乘客倒水，表示对乘客的尊重，缓和乘客情绪。 2. 用心倾听乘客叙述。乘客发泄情绪时，服务人员要用心倾听，在倾听过程中，可插入"我理解""我明白"这样的话语来表示对乘客的重视与理解。 3. 不要轻易打断。如有不明白的地方，要等乘客说完后，用委婉的语气请乘客提供情况，如："对不起，向您请教一下……" 4. 适当安抚乘客情绪，如"请您别着急""您先消消气"等	1. 忌态度冷漠，对乘客的话没有回应。 2. 忌粗暴打断乘客话语，尤其是与乘客观点不同时。 3. 忌表示出不满或不耐烦情绪

（二）了解乘客投诉的心理期望

乘客只有在对服务不满的情况下，才会进行投诉。而对于乘客来说，既然选择了投诉，就一定会有一个心理预期或希望得到满意的答复。作为服务人员，只有了解乘客投诉的心理期望，才能够有针对性地处理投诉。一般来说，乘客投诉的心理期望主要有以下几种：

1. 希望问题能被认真对待

有时乘客进行投诉或建议，并不是要求企业一定能够彻底改变这种现象，只是发表对目前状态的看法和观点，给企业以警示。对于有这种期望的乘客，一定要积极对待，耐心听完乘客的批评与建议，抱着"有则改之，无则加勉"的正确态度，适时地对乘客表示感谢。

2. 希望得到当事人的道歉和尊重

乘客投诉有很大一部分是对工作人员的服务态度不满意。这种情况下，乘客当然希望自身能得到重视，并希望当事人能给予道歉。在这种情况下，服务人员更要耐心倾听，即使是乘客有错，也不要着急去理论，避免产生新的不满和不愉快而加深矛盾。

3. 希望相关人员得到惩罚或惩戒

有时乘客对某位工作人员的服务不满意，就会立即选择投诉，并希望该工作人员得到惩罚。作为企业在维护乘客的同时，还要能够保护自己的员工，所以需要向乘客保证企业一定会采取正确的行动，避免将来发生类似的问题。

4. 希望得到赔偿或补偿

乘客投诉的目的，无非是想发泄一下心中的不满，想要为自己的损失取得赔偿，为自己耗费的时间、造成的不便或遭受的痛苦得到相应的补偿。企业在处理时要本着协商解决的原则，对于由服务人员自身责任而造成的乘客损失，必要时可采取赔偿办法。对于不是服务人员自身责任造成的乘客损失，作为企业管理人员也不能一味地迁就，要耐心地向乘客解释清楚。

小贴士

给乘客一吐为快的机会

倾听的目的是让乘客把想说的话都说出来，让乘客一吐为快，然后才有协商的余地。其实有些乘客只要能全部倾吐完就能解决全部问题。无论是服务人员，还是参与协调处理的领导，都要学会给乘客一吐为快的时间和机会。对于因为个别员工态度不佳而引发的冲突，参与协调的人员或相应分管的领导，一定要及时道歉，认真倾听，缓和好乘客的心绪，避免激化乘客情绪，避免因任性发泄自己的情绪导致出现"得不偿失"的后果。

（三）真诚道歉

当乘客抱怨或投诉时，无论是谁的原因，都要真诚地向乘客道歉，并对乘客提出的问题表示感谢，尤其是在工作确实有过失的情况下，更应该马上道歉，让乘客感到自己受到重视。

真诚道歉"两要""两不要"

两要	两不要
1. 适当地表示歉意。让乘客了解你非常关心他的情况，如："我们非常抱歉听到此这件事。" 2. 道歉要诚恳，如："对不起，耽误您的时间了。"	1. 认为自己的行为没有错误，拒绝道歉； 2. 道歉缺乏诚意，语音语调或肢体语言表现出不乐意或不耐烦

（四）协商解决

作为客运服务人员在听完乘客投诉后，要了解清楚乘客投诉和抱怨的关键因素，了解乘客的真实想法。切忌在没有了解乘客愿望之前就自作主张，直接提出解决方案。在协商解决时，不要推卸责任，也不能指责或敷衍乘客。在明白乘客的想法后，思维要敏捷，要十分有礼貌地告知乘客将要采取的措施，并尽可能让乘客同意。如果乘客不知道或者不同意这一处理决定，不要盲目采取行动。

协商解决"两要""三不要"

要	不要
1. 平复乘客的不满情绪。如："我很能理解您的想法。" 2. 主动提出建议和解决方法。如果是因为票卡（款）等问题，可以根据乘客的意见和表现出来的意思，结合实际情况，提出解决措施；如果是因为对服务人员的态度不满，则要考虑采取让服务人员本人道歉或由值班站长代替道歉等办法，平息乘客的不满情绪	1. 推卸责任、极力辩解； 2. 指责乘客； 3. 敷衍乘客

小贴士

主观能动式服务

服务人员尤其要铭记：在协商解决时，要始终体现主观能动式服务态度，严禁说

"不"字。如果你用"我不能""我不会""我不应该这样"的话语，会让乘客感到你在拒绝帮助他。但如果我们反过来站在对方角度说话，则会给人不一样的感受。如："我们能为您做的是……""我很愿意为您做……""我能帮您做……"等。在这样的语言情境氛围下，乘客的注意力就会集中在可能解决的办法上，你就能创造一个积极正面的解决问题的气氛，有利于推进事情的解决。

（五）快速采取措施

乘客同意处理意见后，工作人员执行力度、速度要快。要言而有信。快速的解决措施就是对乘客最大的尊重。一旦耽误时间可能引起乘客的进一步不满；也有可能引起乘客改变主意，否定已经协商好的解决措施。如果遇到被投诉的员工不在现场的情况，经办的值班站长一定要积极协调，采取电话道歉、书面道歉等处理方式。

对于那些不能立即实现的措施，工作人员应坦诚告诉乘客企业正在办理的进展情况，并把处理过程中的相关情况及时反馈给乘客，让乘客了解他的问题正在得到顺利解决。

小贴士

避免拖延处理

一旦发生投诉，作为当事人或者当班领导、具体处理执行领导，须马上处理，避免因为拖延加剧矛盾点的发展。拖延处理乘客的投诉，是导致乘客产生新的抱怨的根源。即使是与车站员工无关的投诉，作为站务负责领导也应代表车站主动承担解决矛盾的责任，维护好企业形象，赢得更多乘客的尊重和支持。

（六）感谢乘客

对待乘客的投诉，无论是服务人员，还是负责领导一定要表示感谢。要感谢乘客选择我们的服务，感谢乘客在发现服务中的不足后及时与公司反馈，从而借助乘客的帮助提升企业管理水平和服务质量。

感谢乘客"两要""两不要"

两要	两不要
1. 对乘客表示感谢，如："谢谢您的配合""非常感谢您的建议。" 2. 必要时送乘客出站，让乘客感到自己受到重视	1. 怠慢乘客，自己先行离开； 2. 让乘客自行离开

模块五　乘客投诉案例分析

一、因业务能力不强而引起的投诉

案例

错误的扣款

一天，乘客在某站台刷卡后不能正常出站。她到售票亭进行票务处理。票务员直接为乘客补了进站记录，并提醒乘客："您下次进站时，别忘了刷卡。"乘客感到很疑惑，到查询机查询后，发现自己被扣了两次款。于是乘客就把该票务员给投诉了。

1. 投诉原因分析

这次事件投诉原因主要是站务员没有了解清楚事实，只是凭自己的臆测行事。经查询，当时乘客已经刷上出站记录了，可能是因为机器故障或者乘客的票卡出现问题导致的乘客不能顺利通过闸机通道。有时乘客刷卡时走错了闸机通道或刷卡后未马上通过闸机都有可能阻碍乘客的进出。作为站务服务人员没有仔细查询就直接主观认为乘客没有刷卡进站，导致乘客的票卡被二次扣款，很明显这是工作人员的失误。

2. 投诉处理技巧

在该投诉中，工作人员的服务态度没有明显错误，在乘客有问题时及时礼貌地接待处理是服务人员的必备素质。在具体处理过程中，票务人员应就自身的工作失误真诚向乘客赔礼道歉，并要主动承担赔偿乘客的经济损失。

3. 改善建议及服务策略

发现票卡无法进出站时，票务人员不能主观臆断，应礼貌地先了解原因。协调专业人员查实票卡问题，确保第一时间为乘客解决好。在处理票费问题上，工作人员应按照公司规定，承担乘客损失的费用。

作为服务人员要加强责任心，掌握突发事件应急处理方法，维护好运营公司形象和自身服务形象，多为乘客做实事，全心全意为乘客做好服务工作。

二、因乘客不了解地铁规定而引起的投诉

案例

满不在乎的拾荒老人

一天在某车站，工作人员两次看见一名拾荒老人正在地铁内进行拾荒，于是上前制止。"以后不允许到车站进行拾荒。"拾荒老人对该工作人员不满，于是在车站吵吵嚷嚷，寻衅滋事。口口声声说车站工作人员砸了他的饭碗。他无法再生活下去，反正是死，还不如被列车撞死，然后就坐在站台边缘……

对于不知道规定的拾荒老人，服务人员该如何处理更好？

1. 投诉原因分析

应该说拾荒老人可能因为生计的需要，也可能是不了解地铁的相关规章制度，在地铁内拾荒，本身是一种错误行为。工作人员对待进入地铁内的任何人员都要做到有礼有节。即使是为了制止拾荒老人的错误行为，也不能存在歧视行为，要避免态度强硬地进行制止。即便对方解释，也要有足够的耐心，避免矛盾激化，更不能有刺激性的语言和行为。

2. 投诉处理技巧

该案例中，工作人员的工作方式确实存在失误。在处理时，要真诚向老人表示歉意。真诚向老人说明情况，检讨工作人员不合适的处理方式。同时要向老人耐心解释地铁站里的规章制度，征得老人的理解和谅解，避免纠纷的扩大化。

3. 改善建议及服务策略

作为站务工作人员，要进一步加强责任心。一旦发现有违规情况后，一定要第一时

间进行有效沟通和协调，耐心地向对方说明地铁站的规定，及时劝导违规人员远离地铁站，严禁一味地强调站务规定，尤其要避免强硬的制止行为。

三、因服务态度不好引起的投诉

案例

焦急的客运服务员

有一天，在客流高峰期，登车的乘客非常多。在车门即将关闭的提示音已经响起后，一位乘客企图冲上车。这时旁边一位客运服务人员反应迅速，拦住了这位乘客。由于乘客的行为非常危险，这位站务服务员眼疾手快拽了这个乘客一下。可能是弄痛了乘客，她非常气愤，直接就骂了句粗话，说："你以为你是谁啊，你凭什么拉我，弄伤了你负责啊……"一听这话，年轻气盛的客运服务人员态度也生气地说："你没看见车门关上了吗……"两个人你一言，我一语地争吵了起来。乘客非常气愤，一个电话就把服务人员给投诉了。

碰到这种情况，作为客运服务人员如何处理会更好？

（一）投诉原因分析

（1）客运服务人员为了乘客的安全组织乘客有序上车出发点是正确的。但客运服务人员无意中与乘客发生了直接的肢体碰触，这是促发乘客生气的原因之一，即便是为了乘客的安全下意识的举动也没有被乘客理解。在此情况下，服务人员的第一反应，应该是立即向乘客道歉，要做到宽宏大量，不要跟乘客去计较。

（2）在乘客怒气冲冲地抱怨时，客运服务人员学会把正确的让给乘客。作为案例中的服务人员，不仅没有意识到自己做法的不当之处，没有在第一时间内向乘客道歉，反而和乘客争执了起来，使冲突升级，这是服务人员行为的严重错误。

（二）投诉处理技巧

（1）对于由于工作人员的态度引起的乘客投诉，在处理过程中，一定要先照顾到乘客的心理需求和情绪感受，由服务人员先向乘客表示歉意。如："对不起，刚才是我处理不当。请您原谅。"

（2）在平息了乘客的情绪之后，耐心地向乘客解释说明原因，再次请乘客对工作人员的不合适做法向乘客表示歉意，并对乘客的配合表示感谢："拉您一下主要是怕您被车门夹伤。可能是一着急就拉疼您了。真不是故意的，请您理解。也请您多多包涵。感谢您的支持。"

（三）改善建议及服务策略

（1）在阻止乘客上车时，客运服务人员应尽量避免和乘客发生直接的肢体碰触，以减少和避免纠纷的发生。

（2）在遇见有乘客说粗话骂人时，客运服务人员更应大度一些，要避免给予直接的反击。尤其是遇到蛮横不讲理的乘客，服务人员更要用礼貌语言提醒乘客，决不能受乘客情绪的影响，说出过头的话，更不能有失理的言行举止，否则只能使冲突升级，加剧与乘客的矛盾，不利于事情的圆满解决。

任务七　车站应急服务与特殊乘客服务

模块一　基本要求与职责

任务书

结合案例，请以小组为单位，分析案例中客运服务工作人员应该如何处理。

案例

无助的盲人乘客

一名外地盲人乘客坐火车到上海后，她的亲戚因故没能来接她。乘客在列车员的护送下来到地铁，向车站的服务员说明情况，并表示只要服务员将她护送上列车就可以。但服务员表示"对不起，我们没这个义务"，拒绝了她的要求。

一、应急服务

乘客在乘车过程中，难免会遇到突发状况。当事情发生时，乘客和其身边的人员通常会感到不安和慌乱。在这种情况下，客运服务人员应根据现场情况进行灵活处理，要充分考虑乘客的心理，避免出现尴尬情况。

（一）乘客突发疾病

1. 立即查看

遇到乘客突发情况，客运服务人员应先主动上前查看情况，进行适当的安抚和询问。如："您好，您哪里不舒服吗？""需要帮您叫救护车吗？"

2. 及时协调

要视乘客情况，及时向分管领导汇报。如果病情轻微，则及时配合乘客，备好相应的物品。如热水、糖、毛巾或毛毯等。注意不能随意给乘客用药。如果病情严重，在征得乘客或其家属同意后，及时与急救中心联系。同时要协调其他工作人员，做好力所能及范围内的紧急救助。如备好轮椅、紧急救护、广播寻求在场的医护人员帮助、协调其他工作人员到车站出口迎候急救人员等。同时注意做好疏导，避免其他乘客的拥挤，以保证各个通道畅通无阻，为乘客的治疗争取时间。

3. 做好辅助工作

对于需要就医的乘客，在医护人员到来前，作为第一经历人尽可能不要离开现场，要及时掌握乘客情况，做好与当班领导与相关医护人员的信息沟通，及时辅助医护人员将乘客安全送上救护车。如果没有同行人员，要根据情况，及时联络乘客的就近亲属或朋友的相关情况。随医护人员做好乘客的就医工作，直至把乘客安全交送给乘客亲属或朋友。

（二）有乘客走失

1. 及时问讯走失人员情况

在遇到有乘客走失时，服务人员要当即问询走失乘客的基本情况。包括性别、年龄、体貌特征、走失发现的时间、走失的大致位置、乘车路线等基本信息。

2. 立即上报当班领导

在了解情况后服务人员要及时上报当班领导，做好查询协调工作，同时要安抚好乘客。

3. 及时登记走失乘客情

除登记走失人员的基本信息外，还要记录服务人员的协调处理情况。

4. 做好协调寻找工作

寻找时，可先利用广播在车站内发布乘客基本信息，齐心协力共同寻找。如果找不到，可上报运营控制中心在全线进行广播寻找。必要时在征得乘客同意后，协助乘客寻求公安部门的支持，查询相应的监控设施，进一步寻找，同时要注意做好走失乘客家属的安抚工作。

（三）乘客发生意外（如被车门夹伤或扶梯处摔倒等情况）

1. 安抚乘客情绪

遇到乘客在车站内意外受伤，站务服务人员要立即赶到现场，了解伤害状况，及时上报值班领导。

2. 处理好伤口

在乘客受伤情节轻微的情况下，站务服务人员要立即带乘客到相应场地进行简单的消毒或包扎处理。

3. 及时协调就医

当乘客受伤情节严重，需要就医或乘客提出要去医疗机构检查时，服务人员应按照地铁相应规定进行处理。经值班领导同意后，协调好工作人员陪同乘客一起去医疗机构就诊，并及时留存好相应材料。

4. 积极解决问题

在处理乘客伤害过程中，切忌推诿或拒绝其就医要求。对未受到伤害的乘客，要耐心地做好解释。遇到情绪激动的乘客要积极协调上级主管领导，取得他们的支持，依据公司规定，力求圆满解决受伤乘客的问题。

（四）直梯故障乘客被困

1. 及时联络沟通

在接到乘客求救信息后，服务人员与值班领导要在第一时间赶赴现场，立即与乘客沟通，确认电梯内人员数量和人员情况，即刻上报故障报警中心。协调维修抢救人员施救，并提醒乘客在接到指示之前不要进行任何不安全操作。

2. 安抚好乘客情绪

意外发生后，工作人员要积极通过电梯内的通信装置先稳定好乘客情绪，与乘客保持联络。及时交流安慰好乘客，让乘客保持镇定，不要慌乱，并通知维修人员立即进行救援和维修。

3. 保持信息畅通

除时刻保持与救援人员和相应乘客的信息沟通外，服务人员要立即放置故障电梯停用服务牌，提示其他乘客绕开故障电梯。

4. 积极施行救援

在等待专业救援人员到来时,服务人员要根据情况积极施救,及时协助专业人员进行救援,直至乘客安全救出,配合维修人员做好相应维修工作。

(五) 遗失物品查找服务

对乘客遗失物品查找服务程序与内容如下。

对乘客遗失物品的查找服务程序与内容

程序		内容
当乘客反映 物品丢失	接到乘客反映	1. 安抚乘客:"请别着急,我们马上帮您广播。" 2. 了解遗失物品的基本特征和物品遗失的地点和时间等
	采取措施	1. 通过广播在本车站进行询问和查找; 2. 通过电话向有关车站进行询问和查找; 3. 找到物品时,协助乘客办理认领。要礼貌核对乘客身份,确认乘客所述物品与找到的物品一致后再登记归还; 4. 若没有找到遗失物品,应向乘客道歉,并将乘客的姓名、身份证号码、联系方式进行记录,以便随时联系乘客。如遗失的是贵重物品,可告知乘客向车站属地派出所报案

二、特殊乘客服务

(一) 老年人服务

1. 语速放慢音量加大

在售票服务过程中,为老年乘客服务时一定要放慢语速,音量适当放大,做到声音大但不刺耳,以免惊吓到老年乘客。服务全过程都需要耐心提示,悉心帮助。

2. 做好引导贴心服务

在进出站时,服务人员应礼貌地建议年老乘客搭乘直梯。如果乘客不同意可建议陪同乘客走楼梯。如果乘客坚持搭乘自动扶梯,服务人员则应亲自陪同老人一起搭乘自动扶梯,以确保老人上、下扶梯的安全,为老年人做好贴心服务。

(二) 儿童服务

1. 坚持儿童在前的原则

年幼的乘客只有在大人陪同下才可以进入车站。进出车站时要提醒乘客遵循儿童在前、大人在后的刷卡进站原则。

2. 特别关注儿童乘车

遇到有儿童乘车时,一定要时时提醒看护人照看好儿童,避免发生因儿童快跑,与其他乘客发生碰撞引发的摔伤、碰伤。

(三) 身体不适的乘客服务

(1) 对身体不适的乘客要及时上前询问情况。

(2) 及时带乘客去休息室或综控室休息,并帮助乘客倒好热水。

(3) 如果乘客稍作休息后无好转,可以征求乘客的意见是否需要帮忙叫救护车。

(四)残疾人服务

1. 特殊乘客特殊关照

从出入口进入站厅,对于需要帮助的乘客,服务人员要给予特殊的照顾。如果有直梯可以帮助残疾乘客乘坐直梯;没有直梯,则需专门服务人员,帮助乘客乘坐残疾人专用电梯(图 3-7-1)。

2. 引导与陪同

在推行轮椅的过程中应注意行进速度和轮椅的稳定性。在陪护过程中应减少对其他乘客的妨碍,及时提示周围乘客合理避让。

3. 协助安检

引导乘客到安检位置,帮助乘客对行李和轮椅进行安全检查。这当中尽可能由同性别的工作人员协助共同完成。同时,还要尽量减少琐碎不便的环节,以便给予乘客足够的尊重和照顾。

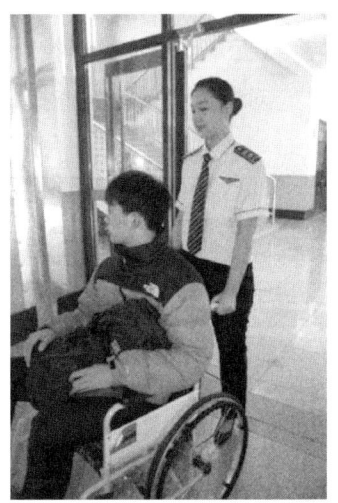

图 3-7-1 特殊客人服务

4. 协助乘客进出付费区

乘客购票时,需要引导乘客到售票窗口处,带乘客完成购票,而后引导乘客从宽敞通道或专用通道进出付费区,并帮助乘客刷卡进入安全候车区。

5. 协助上、下车

引导乘客至划定的站台无障碍候车区域,站务服务人员要及时疏导其他乘客到相邻车的专属位置排队候车,使用渡板让乘客安全上、下车。上车时,要将乘客护送至车厢内无障碍专用位置,确认轮椅已经制动或与列车上专用挂钩固定,并提醒乘客坐稳扶牢,告知乘客目的地车站会有站务人员迎送。然后通知目的地车站的工作人员该乘客所乘的车次、车号、发车时间、所在车门位置、列车路线等信息,以便提醒目的站服务人员做好相应迎接准备工作。

模块二 情境训练

实训目标:能够根据客运服务工作情境进行乘客服务。

实训准备:分为服务组及乘客组两大组,设定好工作情境。

实训情境:

【情境一】一天在客流高峰期,乘客非常多。一位小朋友与父亲在上车时被人群挤散。而此时父亲已经被挤上列车,小朋友被留在了站台上。

如果你是站台工作人员,发现后该如何处理呢?

【情境二】由于天气炎热一名乘客在候车时不慎晕倒。可是他的身边没有同伴。

如果你是工作人员,发现后该如何处理呢?

实训活动要求:各组学生认真投入,进入角色,服务用语准确。

考核评价表

评价内容	A	B	C	D	改进建议	合计类别
服务场景设计合理、可行性强						
服务语言交流通畅与场景吻合						
模拟展示和谐、符合礼仪规范						
事件处理圆满、符合岗位要求						
小组团结一心、合作能力强						

评价分数：每项20分，满分100分。90~100分为优秀A，80~90分为合格B，70~80分为基本合格C，70以下为不合格D。

项目四　客运服务用语礼仪

学习目标

1. 了解客运服务用语礼仪的规范。
2. 能够在客运服务工作中正确运用服务用语。

任务一　用语礼仪规范

语言是一个人思想的外壳,是人们交流思想、互通信息的工具。通过语言,我们可以感受到一个人的精神境界、道德情操、志向爱好。优美文雅的语言是做好服务工作的一项重要内容。客运服务人员要掌握服务语言艺术,就是要做到有"五声"无"四语"。即客人来有"问候声""招呼声",服务中有"致谢声""致歉声",客人走有"道别声"。服务中注意杜绝的四语是"蔑视语""烦躁语""否定语""斗气语"。要避免无声服务。

模块一　基本要求与用语规范

任务书

请参考以下案例,总结出在客运服务中应该注意哪些用语规范。

案例

无声的沟通

2022年4月6日,在武汉地铁2号线航空总部站,一位聋哑乘客找到值班站长,拿着手机上的微信,表示要去川龙大道张家嘴,但不知道怎么坐车去。值班站长忙笑眯眯地用手势告诉乘客看一下乘客的手机。发现乘客拿的是老年手机后,忙用自己的手机帮助乘客查询了一下具体线路。用笔在纸上帮助乘客把线路、车次大致标记了一下。然后热心地带着乘客到邻近的站点,帮助乘客顺利登车。

在客运服务中,服务人员会遇到各种各样的乘客,也会有各种各样的问题需要站务服务人员帮忙解决。在客运服务中,除了有声语言外,对于特殊旅客,服务人员也要用适宜的口型、文字语言或手势语言与乘客进行沟通交流。对于大多数乘客在交流沟通时还应注意相应的礼仪规范。

一、服务用语礼仪的基本要求

对于大多数乘客,客运服务中,客运服务人员要注意用规范的礼貌语言、得体的礼仪行为服务好每一位乘客，尤其是对老弱病残等需要重点帮助的乘客。

（一）用好文明用语"十一字"

文明用语"十一字"有"您""您好""请""谢谢""对不起""再见"。服务人员服务中要注意做到凡事"请"字当先。要做到既表达对客人的尊重，又体现服务人员良好的职业素养。

（二）称呼用语恰当

在工作中与乘客交谈时，服务人员要根据乘客的不同身份，使用恰当的称呼用语。如先生、女士、小朋友、阿姨、大叔等。注意不得使用"你""喂""那位"等不礼貌用语。

（三）做到接一、顾二、答三

当遇到众多乘客询问时，服务人员要从容不迫——作答。接待时不能只顾一位而冷落其他乘客。对暂时不能回应的，应示意乘客稍等，及时表示歉意。如："对不起，请稍候""您稍等"等。也就是我们常说的接待好第一位，照顾好第二位，回应好第三位的问讯。尤其是有众多乘客时尤其要服务到位。

（四）问询要礼貌

在与乘客交流时，服务人员如果没有听清乘客意见、建议或问话，应适时表示歉意，礼貌地请乘客复述一遍诉求。注意运用好征询性的语气。如："对不起，刚才我没听清，请您再说一遍好吗？"

（五）倾听要用心

在听取乘客意见或建议时，服务人员应态度热忱、用心倾听，并适时做出相应的回应，回应要谦恭有礼，态度真诚。

（六）得理也需饶人

在按规定对违章乘客进行处罚时，服务人员的态度要和蔼、得理也需让人。注意不得使用斗气、噎人、训斥、顶撞或过激的不礼貌语言。即使遇到的乘客态度不友好，服务人员也要注意礼让乘客，耐心说明。

二、用语规范

与乘客交谈时，服务人员应使用文明服务用语，声音温和、清晰、亲和力强。语言要文雅，语速快慢适当，音量高低适中，态度诚恳和气，始终要给乘客以体贴感、信赖感、可靠感。注意文明服务用语规范。

1. 迎宾服务用语

乘客进站时可以说："您好，欢迎光临。"或说："欢迎来××站。"当新年、元旦等节日时可以说"新年好""节日快乐"等。

2. 巡视服务用语

如："您好，请到售票窗口购票。""请到退票窗口办理退票手续。""您好，请到×号站口乘车。""请问有什么需要帮助您的吗？""请跟我来。""请您慢走。"

3. 售票员服务用语

如："您好，买票的乘客请自觉排队，谢谢合作。""您好，请问您到哪儿，买几张票?""您好,不足1.3米的儿童不用购票。""请您找找零钱好吗?""收您××元,找您××元钱,××张票,请拿好。""您好,请按自动售票机所示步骤进行操作。"

4. 检票员服务用语

如:"您好,请从这边持卡进站,一人一卡,投卡进站。""您好,请在闸机外正面持卡靠近区域刷卡,确认卡内余额。""您好,IC卡、储值票只能一人使用,进站确认,出站时扣除车费。""对不起乘客,每张票可免费携带1.3米以下儿童,您的孩子已经超过1.3米了,请您到售票窗口购票。""对不起,请退出通道重新刷卡,谢谢合作。""对不起,机器出现故障,请您稍候,谢谢合作。""一张票只能一人通过闸机,请依次插(刷)卡,抓紧时间通过,单程票出站时需要收回。""对不起麻烦您到验票窗口验票。""请问您是在哪个车站上的车?票价多少?""对不起,验票耽误了您的时间,谢谢您的合作。"

5. 站台员服务用语

如:"乘客请注意,为了您的安全,请在黄色安全线以外候车,按照导向线提示排队。""乘客请注意,为了您的安全,请不要靠近轨道,以免发生危险。""乘客请注意,请照看好您孩子,以免发生危险。""请大家不要拥挤,照顾一下老人、孕妇和儿童。""为了您的安全,请不要在站台边缘蹲、坐,避免发生危险,谢谢您的配合。""乘客请注意,请勿在站台追逐、嬉闹,以免发生危险。""列车即将进站,请大家携带好自己的随身物品,有序上车。""列车晚点,将于××分钟后到达,请您耐心等候,谢谢合作。""大家注意,请让开车门,注意列车与站台间的空隙。先下后上,不要挤靠车门。""大家注意,列车进站,请抓紧时间上下车。"

6. 突发事件服务用语

如:"对不起,由于公司运营方案的临时调整,开往××站列车取消,给您带来不便,请谅解。谢谢您的支持。""对不起,由于线路故障,本次列车终点站为××站,给您带来不便,请谅解。""对不起由于前方出行故障,暂时不能通车(列车到达时间不能确定),请您注意收听站内广播,耐心等候。""有事着急的乘客,请到就近出站口换乘其他交通工具。谢谢您的合作。""进站的乘客,请到售票处办理单程票退票、IC卡、储值票更新等业务。""对不起,由于列车(线路)故障,站台候车乘客较多,为了避免发生危险,暂停入闸(售票)。请谅解,谢谢您的合作。"

7. 其他服务用语

如:"乘客您好,请勿随地吐痰,乱扔果皮纸屑,公共场所禁止吸烟,请自觉保持环境卫生。""乘客,请保管好单程卡,出站时请及时交回。""您好,请将雨伞收起(自行车折叠)后再进站乘车。""您好,地面湿滑,请注意安全。""乘客您好,公共卫生间在候车区,请购票后使用。""对不起乘客,请在购买单程票时索取发票,出站不再补发,请谅解。"

知识链接

文明服务顺口溜

站务工作不平凡,热情服务有礼貌。
乘客至上记心间,服务周到规范化。
严于律己讲诚信,待人真诚守承诺。
思想行动要统一,争先创优做表率。

情满车站爱无边,尊老爱幼献爱心。
团结同事互谦让,互帮互助创和谐。
不迟到来不早退,按时上岗不误班。
统一着装仪容整,胸卡臂章戴整齐。
讲究站姿与坐姿,举止文雅不失礼。
窗明几净环境佳,微笑服务迎宾客。
站台工作最重要,加强巡视和疏导。
先下后上不拥挤,乘降有序保安全。
售票检票不怠慢,唱收唱付挂嘴边。
结算准确无差错,交接工作要认真。
工作时间不闲谈,乘客问讯耐心答。
文明服务无投诉,同心协力创佳绩。

模块二 服务对话训练

实训内容一:礼貌用语训练

实训目标:学生能够结合身体仪态,掌握"五言十字"礼貌用语,即"您好""谢谢""请""对不起""再见"。

实训活动要求:每人一句练习方法,要求每人依次说出一句礼貌用语,反应快速,语言准确,姿态大方。

实训内容二:工作情境服务对话训练

实训目标:能够根据客运服务工作情境进行礼貌服务用语使用。

实训准备:分为服务组、乘客组两大组,设定好工作情境。

实训情境:

【情境】一位父亲带着4岁孩子乘坐地铁。由于地铁站内人流攒动,列车进站后,在乘客的拥挤下,父亲与孩子被挤散。父亲上车后发现孩子不在身边,慌忙挤过人群,下车回到站台寻找孩子。而此时,孩子也在站台四处寻找着父亲,父亲与孩子分别找到站台的工作人员寻求帮助。

如果你是站台工作人员,你会怎样处理?

实训活动要求:各组员要行动迅速,认真投入。做到既融入角色,服务用语应用又准确到位,语言准确,模拟流畅。

服务对话考核评价表

组别	服务用语				合计类别
	解决方法 (40分)	仪态表情 (20分)	语气语调 (20分)	语言技巧 (20分)	
1					
2					
3					
4					

评价分数:满分100分,90~100分为优秀A,80~90分为合格B,70~80分为基本合格C,70分以下为不合格D。

任务二　有效沟通礼仪

沟通是客运服务的重要内容。与不同乘客在不同条件下的沟通，不仅是客运服务的基本要求，也是客运服务的重要礼仪规范，掌握正确的沟通技巧可以有效地提升客运服务水平。

模块一　有效沟通的技巧

任务书

结合以下案例，思考案例中沟通存在的问题。服务人员有效沟通的技巧有哪些？

案例

"不会说话"的安检员

有位年轻的妈妈带着孩子乘车。在入口安检时被安检员拦下，理由是不能带气球进站："对不起，小朋友不能带气球进站。"

一旁的妈妈说："你看，这孩子挺喜欢那个红气球的，也就是普通的气球，飞不起来的。孩子都拿了一路了，不会伤到别人的。"

"不行。安全起见我们要没收。否则不能进站。"孩子一听喜欢的气球要被拿走，"哇"的一声哭了起来。这时，旁边的另一位安检员忙走过来，和气地对孩子说："小朋友，让我给你施个魔法好吧？"说着，她从孩子手中拿过气球，打开口把气撒掉后对小朋友说："等出站后，让妈妈帮你把气球再变大好吧？""好的。"小朋友止住哭声，含着泪高兴地把气球递给了妈妈。

很显然，第一位安检员与乘客的沟通是失败的交流。沟通不仅是信息的传递，也是思想和情感的交流，是用实质性的行动帮助乘客解决难题。如果一个服务沟通行为只传递了一份没有感情的冰凉信息，那么，这种沟通就是无效的、失败的沟通。

沟通不是天生就具备的，而是在工作和实践中培养和训练出来的。作为客运服务人员在面对不同乘客，要用灵活的语言进行交流，所谓的"到什么山唱什么歌"，这是客运服务语言的艺术。

一、有效沟通的特征

双向沟通是有效沟通的基本特征。在双向沟通时需注意说、听、问三种行为，要避免出现单方面的说和听的无效沟通。

客运服务人员和乘客之间是一种双向沟通的过程。客运服务不仅是乘客对客运服务产品的一种考察，也是主、客体之间的一种情感的沟通和交流。在服务过程中，乘客并不是完全处于被动状态，他们会通过观察和谈话来评价客运服务、表达自己对服务的要求或看法。服务人员要注意通过乘客的行为来判断乘客的价值标准、态度偏好和对自己服务表现的满意度，及时调节自己在服务行为。

二、正确的沟通态度

在沟通过程中，服务人员都会表现出一定的态度。不论是友好合作、冷漠傲慢，都是不同沟通态度下的行为表现。服务人员沟通中的态度一般有以下几种。

1. 回避态度

不主动或回避与对方当事人的沟通，有时是一种比较消极的沟通，但有时也会变换成积极的沟通。服务人员在对沟通结果没有把握，或应对办法还没有思考好时，可以用适当回避的态度。如果乘客采用这样的态度来沟通，工作人员一定不要紧逼乘客。而应给乘客充分的理解和包容，给乘客思考的时间。否则会得到一个对自己极为不利的结果。

2. 强迫态度

这是一种强制性的态度。采取强迫态度的沟通者通常拥有一定的权力或其他资源优势。所以一般上级对下级、父母对孩子比较喜欢用这样的态度进行沟通。当然，适当的强迫可以有利于事情的解决，但是，经常性的强迫会使被强迫方产生逆反心理。

3. 合作态度

这是民主、平等的一种沟通，沟通双方都有果断性和合作性，双方站在对等的平台上进行沟通，一同承担责任。这是良好的沟通，需要合作的态度。

4. 迁就态度

迁就是指一方对另一方的过分顺从和包容，这样的沟通人情往往大于原则。通常发生在无权力者对有权力者的沟通（下级对上级）。当然，客运服务人员在工作中可以适当迁就乘客，但要注意把握好分寸。

5. 折中态度

这种态度不主动也不回避，不果断但也不推诿。沟通结果好，双方皆大欢喜；沟通结果不理想，就有不承担责任的理由，这是非常典型的圆滑沟通态度。

思考

在客运服务中，服务人员应该以怎样的态度与乘客进行沟通？

三、分析把握乘客类型

由于每一个人生长背景、家庭环境、社会影响的差异，人们的需求和性格都存在着很大的差异性。这些差异性需要服务人员学会用不同的沟通行为去满足。为确保有效的沟通，服务人员要擅用相似性原理与乘客沟通。依据感情的表现形式和决策的果断性指标，我们可以把乘客大致分为支配型人、分析型人、和蔼型人和表现型人。

1. 支配型人

这种类型的人有强烈的支配欲望，把别人支配得团团转是他们的乐趣所在。这种人喜欢主动与人沟通，有权威感，特别好面子。与这样的人沟通时尽量不要挑战他的权威性，要学会维护他们的面子，尊重他们的权威。绝不允许出现情绪愤怒、语言狂躁的行为。尤其是遇到领导、上司、"大男人"或"女强人"时要多加注意。

2. 分析型人

在这类人中，技术人员和科技工作者所占的比例较大。他们的特点是生活严谨，一丝不苟，有时候可能会让人感觉枯燥和令人窒息。这种人往往注重细节、遵守时间、原则性强、灵活性差。与这样的人沟通时不要表现过多的热情，否则会给他们轻浮、不踏实、不可靠的印象。要准时守信，因为这往往是他们衡量人是否诚信的关键。语言表达上尽可能用准确的数字，少用模糊性的用语。

3. 和蔼型人

这种类型的人特别注重个人形象，微笑的神情、得体的装束和善于倾听是他们招人喜爱的缘由。这种人很在意外界的评价，有时也会以外部环境的好恶和要求来制订自己的人生规划。与这种类型的人员沟通时，肯定性的赞美和欣赏的语言是最好的沟通润滑剂。但要注意避免用"还行""可以"等不确定的赞赏字眼。

4. 表现型人

这种人员表现欲强，擅于利用一切手段和机会来表现自己。应该说不怕出丑是他们的优点，也是他们的缺点。他们往往不管自己有没有这方面的才能和本事。说话容易不着边际，喜欢海阔天空，而且喜欢当主角。与这种类型的人沟通，最好方法就是给他（她）表现的机会。

无论是与哪一种类型的客人打交道，服务人员都要学会做到不卑不亢、有礼有节。把握和谐、礼貌的沟通原则，做到与人为善、爱岗敬人、勤业乐业。让乘客高兴而来，满意而归。切实做到用心服务每一位乘客，展示服务人员优质、高效的服务形象，为更好地做好服务工作奠定坚实基础。

四、化解冲突的交流沟通技巧

在站务工作中，对出现的服务事件，企业运营管理组织内须做到及时交流沟通，积极引导。

1. 协调沟通要双向及时

在出现意外事务时，工作人员要做到求同存异，把握时机，适时协调。唯有做到及时，才能最快求得共识，保持信息的畅通，不能因信息不畅而积累矛盾。

要及时与乘客沟通协调。这时的沟通协调一定要是双向的，要保证传递的信息能够被乘客接到和理解，运营单位组织内部的所有沟通方式须有回馈机制，保证工作人员和乘客都能及时接收到。比如，用微信、电话进行协调沟通，无论接收者简单回复"已收到""OK"等，还是电话回答收到，都须保证接收者收到信息的准确性。

2. 情绪控制要稳定平和

站务工作人员要增强每个人的执行力，保证了整个团队拥有良好执行力，工作情绪要稳定平和。尤其是面对乘客的不礼貌、不冷静、不友好的态度时，应保持头脑冷静。不急、不气、不发火、不冲动、不感情用事。不论是工作人员还是乘客，一旦出现负面情绪时，不要急于去协调沟通。尤其在不能做出决定时，不能因为负面情绪影响，出现沟通说不清、道不明，甚至出现冲动或失去理性的情况，尤其是不能在负面情绪中做出冲动性的决定。要避免出现让事情有不可挽回、令人后悔的结果出现。

在出现异议时，工作人员不论赞同与否都要让对方把话说完，要了解对方的底线和出现问题的缘由。要尽可能用温和的态度提问、交流。要确认对方不冷静、不理智行为的真正原因，努力理解对方，体谅对方的感受。所谓的"无风不起浪"，遇到问题，工作人员要快速分析矛盾和纠纷产生的原因，查清问题的来龙去脉，以便于更好地与乘客摆事实、讲道理，消除对方的怒气，使冲突获得缓解。

3. 交流体态要自信大方

在与乘客的交流中，工作人员说话的声音要诚恳、清晰、平稳、坚定，不要大喊大叫。面部表情要开朗，目光要亲切，要让对方放松下来。多用开放的身体姿态，表示自己愿意倾听，一定要拒绝争辩，不要轻易下判断、提建议。乘客正在冲动情绪控制下，会更加激动，甚至会强词夺理为自己争辩，作为工作人员要冷静地告诉对方你的感受，表示歉意，表明正在力争解决。

4. 心胸开阔学会谦让

在站务工作中，乘客与工作人员的冲突，有时并非是很重要的原则性问题，有时可能只是些鸡毛蒜皮的小事，有时可能是事关个人的切身利益问题，有时可能是工作人员的语言、服务态度、说话语调出现差池。作为工作人员不能有任何疏忽大意，要时刻把乘客的事当成自己的事；要坚持乘客无小事的思想意识，及时、有效帮助乘客解决遇到的问题；必要时要做出暂时让步，以得到更好的解决结果；要坚决避免出现"两虎相争""两败俱伤"的后果。

对蛮横无理、不依不饶的乘客，如果继续交流会使矛盾升级时，可以明确告诉对方先平静一下，再好好沟通。如果对方还是不能平静下来，可暂时避开，并迅速求助于相关的领导或同事，以从中周旋，留出处理的空间和余地，暂时不去讨论这个问题，等到双方恢复平静后再解决。要及时用谦恭礼让的态度，采取适当妥协的方法来化解矛盾，力求收到"化干戈为玉帛"的解决效果。

模块二　克服沟通障碍训练

实训项目　情境语言训练

实训目标：能够在客运服务工作中自然、流畅地与乘客打招呼。

实训内容：结合乘车可能遇到的问题，分组模拟展示与客人间的沟通交流。

实训准备：分为服务组及乘客组两大组，设定好工作情境。

实训活动要求：各组员活动认真，角色形象清晰，服务语言准确，符合服务角色形象要求。

考核评分表

组别	服务用语				合计类别
	解决方法 （40分）	姿态表情 （20分）	语气语调 （20分）	语言技巧 （20分）	
1					
2					
3					
4					

评价分数：满分100分，90～100分为优秀A，80～90分为合格B，70～80分为基本合格C，70分以下为不合格D。

参考文献

[1] 刘永俊,陈淑君. 民航服务礼仪 [M]. 北京:清华大学出版社,2013.
[2] 鄢向荣. 旅游服务礼仪 [M]. 2版. 北京:清华大学出版社,2014.
[3] 高蓉. 城市轨道交通服务礼仪 [M]. 北京:人民交通出版社,2015.
[4] 刘菊美. 站务人员 [M]. 北京:中国劳动社会保障出版社,2013.
[5] 高蓉. 城市轨道交通客运服务 [M]. 北京:人民交通出版社,2015.
[6] 慕威. 城市轨道交通运营组织 [M]. 北京:人民交通出版社,2016.
[7] 周丽. 酒店服务礼仪 [M]. 桂林:广西师范大学出版社,2016.
[8] 崔昌玺. 大学生礼仪规范教程 [M]. 北京:中国传媒大学出版社,2008.
[9] 武洪明,许湘岳. 职业沟通教程 [M]. 北京:人民出版社,2016.
[10] 彭蝶飞,李蓉. 酒店服务礼仪 [M]. 上海:上海交通大学出版社,2014.